经验与观念 渠敬东 主编

涂尔干学派书系 汲喆 赵丙祥 主持

莫斯与总体性社会事实

〔法〕布鲁诺·卡尔桑提 著

杜 娟 译

商务印书馆
创于1897 The Commercial Press

Bruno Karsenti

MARCEL MAUSS. LE FAIT SOCIAL TOTAL

© Presses Universitaires de France

根据法国大学出版社 1994 年版译出

总　序

黑格尔曾有过一个有趣的说法：最简单的经验即是最抽象的观念。这话乍听起来颇令人费解，然细绎之却道理很深。一个只能感觉世界的孩子，便只能用"这个"或"那个"来指代世界里的一切，他的经验看似最具体，靠的却是最抽象的观念。对人来说，经验和观念是一并到来的，没有靠纯粹经验活着的人，也没有靠纯粹观念活着的人。他的生活越具体、越深入，就越需要借助准确而丰富的观念来认识自己，去包容全部生活的内容；他的观念越多、越庞杂，就越需要依靠活的经验和历史来检验、来融会。他知道，"吾日三省吾身"，每天都要在经验与观念之间往来穿行，行路与读书并行不悖，为学与为人是一个道理。他知道，仅凭经验来感知整个世界的人，是一种低级的动物，而仅凭自己一种抽象的立场、价值或信念来要求整个世界的人，也必落入一种"无生育力的亢奋状态"。他知道，米涅瓦的猫头鹰只有到了黄昏才会起飞，只有将现实生活的一切经验，与这个世界的不同起源和不同历史融汇一处，人类才会有未来。

"从具体到抽象，从抽象上升到具体"，是马克思为社会科学概括的一种基本方法。社会科学因应现代危机而出现，却不是要取代已有的学问，而是要重新走进传统人文科学的腹地，将观念的基础植根于具体而完整的经验世界,并升华为新的经验和新的生命,从而实现抽象上升到具体的"二次航程"。随着世界历史的到来,在世界上任何一个角落的人,他的生活乃至命运都处于普遍联系之中,都与整个世界无法分离。现实中的每个人、每件事,都成为社会总体的一种现象呈现。社会科学自诞生那天起,就把她的研究对象看成是一种整全的经验体,杜绝用一种技术、一种成见、一种维度去看待哪怕最微小的经验现象。

不过,社会科学也很明白,任何现实的经验,都不因它仅是现实的而成为整全的经验体,人之所以活着,是因为他与很多人共同活着。他成家立业,生儿育女,赡养老人,他在他所依恋的群体和组织中学习、工作和生活,他更是政治共同体的一员,承担着一个公民的义务……他必须给出这些共同生活的理由,知晓其中的道理,才能为塑造更美好的生活秩序而尽心尽力;他必须去研究公共生活的文明本体和自然原理,必须去发现人们曾经的历史怎样流变、演化和重建,必须去体会文明之"本"和历史之"变"怎样凝结于现实的经验总体里,进而塑造了他自己……一个现实的人,同他每一个现实的经验,都是人类由过去、现在乃至将来所构筑的一个完整世界的映射,他就是一个融汇全部经验和观念的存在,也将照此来理解社会存在的一切现象。可以说,人的价值和未来可能的社会秩序,即肇发于此。

长久以来,在投入世界历史的每个时刻,中国人皆合成一个命运共同体,共同经历着惊厥、痛楚、蜕变和失落,这条路走得艰辛、漫长,却充满着重生的期望。在复杂的时代变迁中,几乎所有传统与现代的不同要素都交织在我们的经验里,融合在我们的血气里。这种存在的样态，及其所内涵的非凡创造力，注定我们必为世界历史的未来有所承担。中国的社会科学将始终放眼世界，从不同的经验和观念体系中汲取养分，但依然尊重和守护我们自身的经验及其传统之源，正视这种经验和观念内生的原动力。中国的社会科学，必不被技术掠获，不受体制裹挟，不唯传统是瞻，更不做国际学术和世界历史的尾随者。

本丛书拟由两部分组成，一是系统译介外国学人反思现代社会经验与观念的经典作品，二是编辑出版中国学者研究自身现代历史流变及当下社会经验的学术著作。

是为序。

渠敬东
于 2014 年岁末

莫斯时刻（代译序）

李英飞

一

法国人似乎向来就有写作短小精悍之作的传统，但是布鲁诺·卡尔桑提于1994年出版的这本《莫斯与总体性社会事实》简练到足以让人产生一种错觉：这只是一本研究马塞尔·莫斯学术思想的著作。事实上，这本小书在出版伊始便奠定了其作为莫斯研究经典之作的地位。因为在所有人都在诉说莫斯的思想缺乏体系又与涂尔干的思想有着难以厘清的关系之时，卡尔桑提却在此书中以《礼物》一书提出的"总体性社会事实"概念为切入点，令人信服地论证了莫斯在哪些方面以及在何种程度上克服了涂尔干社会学传统的内在困难，推进了该学派的发展。仅凭这一点，就足以让此书从众多莫斯研究中脱颖而出。

然而，卡尔桑提并未止步于此。在此之前，莫斯研究大致分为两类：一类是纯粹的莫斯研究，就莫斯而论莫斯；另一类是从莫斯那里获取灵感或思想资源来发展自身理论的作品，或者说，作者在推进莫斯思想研究的同时，也成就了自身理论的发展。卡尔桑提的这本著作可谓另辟蹊径，将后者注入了前者。因而，在阅读这本以《礼物》为主题展开的小书时，不禁让人进入了类似列维-斯特劳斯当年阅读《礼物》时的情形："心潮澎湃，脑路大开"（Lévi-Strauss，1950：xxxiii）。因为卡尔桑提接下来的分析犹如"走线之针"，不仅将莫斯的个人成就与涂尔干学派的其他成员关联起来，还将其与法国社会学传统乃至法国现代哲学贯通起来，为我们呈现出了涂尔干传统作为20世纪法国理论中最富活力和作为法国理论基石的一面。

但是要做到这一点却着实不易。因为在这位法国民族学之父的身后是一份长长的学者名单，仅就法国而言，受其影响的就有列维-斯特劳斯、路易·杜蒙、乔治·巴塔耶、皮埃尔·布尔迪厄等人。事实上，不同时段的不同学者都或多或少在某种程度上受惠于莫斯的思想。对于今天而言，特别是由莫斯开启的礼物研究范式，更是激起了从雅克·德里达到让-吕克·马里翁的一段法国现象学思想谱系，而由阿兰·迦耶发起的"社会科学反功利主义运动"甚至将莫斯的思想的意义带入当下。那么，如何赋予这些影响以结构，作出取舍，并将其融入有关《礼物》一书的讨论中来？卡尔桑提并未在此书中给出答案。

二

套用卡尔桑提的叙述风格，让我们来换种说法：卡尔桑提研究莫斯的问题意识是什么？时隔三年后，也就是1997年，卡尔桑提在新出版的《总体的人：莫斯的社会学、人类学和哲学》一书对此做了回答。

卡尔桑提试图回答这样一个问题：是什么样的理论动力推动了当代法国哲学和科学思想中特定认识论构型的迁移和转变。他的这一疑问来源于他在法国社会学中看到了"一种概念性形式"的出现，而"这种概念性形式又渗透到与之相关的知识体系中，并与之不断重新构成新的关系：民族学、生物学、语言学、历史学、心理学"（Karsenti，2011：3）。也就是说，卡尔桑提在法国哲学和人文科学内部看到了一种认识论的转型。在2011年Quadrige版的《总体的人》"序言"中，卡尔桑提说得更为清楚："《总体的人》是在一本伟大著作的阴影下写成的，在某些方面只是这本书的延伸，并作为一种方式进入其副标题"（Karsenti，2011：x）。这本伟大的著作就是米歇尔·福柯的《词与物：人文科学的考古学》。由此可见，正是从《词与物》中，卡尔桑提获得了最初的整个问题意识和分析框架。

卡尔桑提再次回到福柯的问题，显然并不是要重复福柯的工作。卡尔桑提认为，福柯的认识论构型概念和考古学视角，为他提供了一种介入当代思想领域的方式。在福柯那里，认识论构型或知识型是指"知识空间内那些产生了经验认识之各种形式的构型"，探究它的目的就是要"重新发现诸认识和理论在何种基础上才是可能的；知识依据哪个秩序空间被构建起来"（福柯，2016：8）。所以，与福柯一样，卡尔桑提也试图讨论"从一个基础到另一个基础"，考察知识空间总体知识秩序的转换所依赖的基础，但他将目光聚焦在了19世纪以来，即福柯所讨论的从由康德人类学开启的人文科学的出现，到对康德人类学退出的精神分析和民族学的这段历史。

福柯此处提到的法国民族学，就是英美学界熟知的人类学。因而卡尔桑提考察的是从19世纪以来的法国人文科学到列维-斯特劳斯的结构主义人类学。他关心的是结构主义在接受这种知识秩序转移，即在"对康德主义和后康德主义的退出"时（Karsenti，2011：xi），所依赖的被他称作某种人类学的第二个基础的由莫斯提出的"总体的人"是如何产生的。这是理解接下来结构主义乃至人文科学发展的关键。按照他自己的说法，"总体的人"这一概念性形式作为哲学和人文科学新规定的知识对象，不仅释放出新的知识空间，而且仍然影响着当前的哲学和人文科学的发展，更为重要的是，它本身还未定型，仍处于调整之中。所以，在卡尔桑提看来，为了理解"当前哲学和人文科学十字路口上的关键问题，有必要经历莫斯时刻"（Karsenti，2011：xiii）。

三

实际上，卡尔桑提选择从社会学角度开展人文科学考古，不仅是因为福柯几乎没有提到，甚至系统地回避了社会学这门科学，而且还因为对于法国思想史而言，人文科学具有独特的地位。按照福柯的观点，由康德开启的现代哲学人类学构型，通过设定"对就其本质而言人之为何所作的前批判分析变成了对一般而言能被赋予给人的经验的一切所作的分析"（福柯，2016：346），将具有经验特征的人作为自己的知识对象，在促使人文科学出现的同时，亦引发了人的科学与诸简单科学、哲学与人文科学之间的持久争议。简言之，前者让人文科学陷入了难以克服的不稳定状态，诸简单科学试图寻求自身的基础，而人的科学或人文科学只有作为这些简单科学的基础并将其关联起来时才存在；后者则使哲学与人文科学处于对立状态，哲学要将其分析建立在人的有限性基础之上，而人文科学要求先前哲学领域的一切作为自己的分析对象。

卡尔桑提认为，法国的人类学一开始就不是派生于哲学，而就是哲学本身。也就是说，由观念学家卡巴尼斯（Cabanis）于1796年借助德文"人类学"创建的"人的科学"（science de l'homme），即对人的身体、智力和道德所做的综合研究，遵循的乃是古希腊哲学一样的目标：试图对其研究对象做整体的把握以获得其全部的知识。因而，在卡尔桑提看来，人文科学以其自己的方式和程序处理传统上被称为哲学的问题，与其说现代哲学是对永恒哲学的放弃，不如说是哲学反思在某个历史阶段的迁移和转变消解了福柯所说的第二对矛盾。但是，人文科学的法国版本，并未因此而规避掉福柯所说的第一对矛盾，即人文科学与为其提供认识论维度和知识空间的诸科学之间的不稳定状态，而是在不断拓展的具体领域中不断迁移：从生理学到心理学再到社会学。

如果说在社会学出现之前，法国人文科学沿袭的是福柯所说的生物学模式，那么社会学的出现则使法国的人文科学具有独特性的一面。卡尔桑提认为，哲学、人类学和社会学这三种知识模式是法国人文科学发展的独特组织路径，先是人类学与哲学，然后是社会学与哲学。社会学提出，认识人首先是把他作为一种社会存在来认识，意味着在法国思想中，处理社会就等于处理人这一特殊的哲学对象，因此，社会学也具有了类似人类学一般的哲学地位。涂尔干明确说过大革命之后诞生出了一些关于人的科学和关于社会的科学，而社会学与心理学都是关于人的科学研究。在卡尔桑提看来，这也是大革命后对人的认识和对规范其生存的社会法则的认识这两个共同的主题的显著延伸。

然而，用社会学来处理人的科学的问题所遇到的困难并不比之前人类学遇到的困难要小。因为用社会性（socialité）来作为人存在的本质特征，只能以牺牲个体经验知识为代价，这种认识论配置因而也随即陷入了不稳定状态。所以，法国的人文科学的认识论配置中，除了生理主义和心理主义之间的对立之外，还叠加了另一层个人主义和社会学主义之间的对立。事实上，正是这层叠加的新关系成为莫斯提出"总体的人"的基本理论动力。

四

当我们带着这样的认识回到《莫斯与总体性社会事实》一书时，忽然发现卡尔桑提由此带给我们的洞见非同寻常。该书一开始便肩负着这样一种双重使命：既要关注莫斯自身的学术工作，又要关注莫斯前后有关人的知识空间的认识领域的构型，似乎唯此才能呈现"作为哲学和科学思想演变的一个决定性时刻"。所以，在最接近涂尔干的地方，我们看到了"总体性社会事实"概念，而在最接近列维-斯特劳斯的地方，我们则看到了"总体的人"概念的出现。所谓莫斯时刻,就是指莫斯为克服涂尔干社会学所带来的不稳定状态,从前者到后者实现新一轮综合的过程。

按照卡尔桑提的说法,贯穿于法国哲学和人文科学的主线是对人作总体研究的追求。莫斯的新一轮综合就是对生理主义、心理主义和社会学主义的综合,本质上是要为这些科学乃至哲学重新确立研究对象。但是,由于社会学对个体经验维度解释的拒斥,只会带来一种社会本体论。所以,社会学将社会性视作人的最高体现,就已经表明对康德的主体主义和与之相关的超验观的退出,而不是到了结构主义才开始和实现的。再加上,社会学与心理学之间的竞争关系,更是强化了这一点。这两门科学之间的持久冲突和较量,从孔德时代一直持续到涂尔干时代,直至发展出了两个相互独立的研究领域。所以,直接导致的结果是,不仅我们难以理解涂尔干的"社会"概念,就连涂尔干学派的成员哈布瓦赫(Maurice Halbwachs)都指出,涂尔干对自杀现象的解释"第一眼看上去是自相矛盾的,连第二眼都是矛盾的,因为我们平时在解释自杀的原因的时候,方向跟这个完全相反"(Halbwachs,1930:10)。

因此,莫斯的新一轮综合,第一步要做的是对心理主义或个人主义与社会学主义的综合,是要克服涂尔干拒斥个人主体经验所带来的解释上的困难。"总体性社会事实"由此被提出。

卡尔桑提认为,在莫斯这位社会学家的所有作品当中,没有一部比《礼物》更为详尽地阐述了"总体性社会事实"这一概念了,而且《礼物》一书如此切近涂尔干但又如此不同于涂尔干。莫斯开篇就说"在斯堪的那维亚文明和其他为数甚多的文明之中,交换与契约总是以礼物的形式达成,理论上这是自愿的,但实际上,送礼和回礼都是义务性的"(莫斯,2016:5)。显然,这已超出涂尔干对社会学研究对象的规定。因为在涂尔干看来,社会学的研究对象"社会事实"只具有义务性或强制性一面。莫斯似乎不再局限于强制性而是要将个体自由的维度也纳入进来。所以,卡尔桑提一开始便提出:"礼物真的是社会事实吗?"莫斯试图借助总体性社会事实概念对研究对象的重新规定,来赋予涂尔干社会学一个具体的维度。

于是,社会学解释不再是某种完全不同于个人理解的"社会欺骗"了。莫斯用"负有义务的自由或自由的义务"的方式,这种最真实具体的个体的主观层面的自愿性,证成了涂尔干所说的社会的强制性。莫斯说:"赠送的一方却表现出夸张的谦卑……一切都力图凸显出慷慨、自由和自主以及隆重,但实际上,这都是义务机制"(莫斯,2016:35)。而由此推展出来的新维度,又让莫斯一举超越涂尔干以及同辈达维(Georges Davy)所坚持的诸如契约、法律和义务性概念等这些单纯的范畴。因为"馈赠某物给某人,即是呈现某种自我","而我之所以把自己送出去,那是因为我们亏欠了别人,不仅亏欠了自我也亏欠了物"(莫斯,2016:19;82,有改动),以及夸富宴呈现出的政治的、经济的、宗教的,乃至美学上的诸制度总体都说明了,由礼物制度所表达出来的相互交织状态使得"社会就再也不能被拆解为可以分别进行考察的制度、机构或者价值",而是以一种完整的或"总体的"方式被活生生地呈现出来,所以"群体的生活和人的生活就表现了同一个东西,并在一种彻底的、不间断的连续性上展开"(见本书,第45页)。

五

"整全性就等于具体性",这是莫斯借助"总体性社会事实"概念赋予社会学研究的新特征,而由其释放出来的知识空间足以说明,莫斯在某种程度上确实克服了涂尔干社会学传统的内在困难。不过,要在"总体性社会事实"概念基础上进一步论证莫斯如何实现对生理主义的综合,并开启了之后结构主义发展,则需要离开涂尔干而诉诸与列维-斯特劳斯的关联了。

法国人文科学确实需要一个新的基础了。1924年,也就是在《礼物》最终成稿的同时期,莫斯在心理学会上做了一次题为"心理学与社会学的实际关系与实践关系"的报告。在这次报告中,他向心理学界提出要对具体的"整全的人"或"总体的人"进行研究。这是莫斯在相互比较社会学与心理学各自学科贡献的基础上提出的,他希望两门学科间能相互合作。而按照卡尔桑提的说法,莫斯是要在社会学、生物学、心理学、历史学、语言学和精神分析之间编织新关系。也就是说,莫斯要给人的科学规定一个新的研究对象,并且这个研究对象综合了生理学、心理学和社会学的知识维度。所以,莫斯的这项工作,用1950年乔治·古尔维奇(Georges Gurvitch)编选《社会学与人类学》时特意解释为什么书名中要采用"人类学"一词来说明再合适不过了——莫斯在此有了一个人类学的转向。

"从一个基础到另一个基础",卡尔桑提认为,法国的哲学和人文科学过渡到了由莫斯提出的"总体的人"奠定的某种人类学的第二个基础。然而，这一转向的实现，仍有赖于"总体性社会事实"所提供的理论动力。有意思的是，在法国，人类学一词取代民族学，却是由列维-斯特劳斯促成的。所以，在读到本书第二章让人不断回想起列维-斯特劳斯的《莫斯著作导论》时，一点也不用惊讶和失望；因为正是借助"总体性社会事实"概念来重新编织的莫斯与列维-斯特劳斯之间智识上的关联，给我们提供了深刻的洞见。《莫斯著作导论》无疑是关键性文本。也就是说，列维-斯特劳斯对莫斯有关"玛纳"（Mana）只做描述而不做进一步解释的质疑，揭示出的仍然是横亘在心理学与社会学之间难以克服的对立。这种对立不仅促使莫斯关注到精神病和无意识这些有可能桥接两者的中间项，也逼迫他最终给出一个解决方案：试图用一种转译（traduction）的关系逻辑来取代此前必须在心理学和社会学之间作非此即彼选择的因果解释逻辑。

个体性与集体性，由此也不再是彼此对抗的维度，两者其实代表了两个平行的层面，因而就可以被解读为关系的互为呈现。象征或符号系统随之获得了集中关注，语言学也因此获得了独特地位。然而，这一切都可归结于《礼物》一书中"总体性社会事实"带给我们方法上的改变。既具体又总体（整体），不牺牲任何一方。按照莫斯的说法，可以"是罗马，是雅典，是普通的法国人，是这个岛屿或那个岛屿上的美拉尼西亚人"（莫斯，2016：130），但都是一时一地、容易辨识、具体且鲜活的人。简言之，都是人类（humain）。这便是莫斯带来的社会学的人类学转向。

六

礼物作为最能呈现转译原则的社会事实,直接启发了列维-斯特劳斯有关亲属关系结构的研究。结构主义后来的发展表明,由莫斯的人类学转向所引发的整个知识秩序的位移确实是总体性的。只有到了莫斯这里,关于人的知识才真正开始在没有任何本体论预设和没有任何超验基础的情况下释放其可能性。所以,卡尔桑提说:"《礼物》的发表标志了法国社会科学历史上的一个重要时刻:(发生了)一次前所未有的转向"(见本书,第57—58页)。

路易·杜蒙曾引用涂尔干的学生安德烈·拉朗德(André Lalande)所使用的整体主义(holisme)一词来形容涂尔干及其外甥马塞尔·莫斯的社会学立场,而这一立场提醒我们卡尔桑提在这本小书中还有更深层次的关注。因为如果仅从福柯的考古学视角来看,该书的最后一章已显多余。但卡尔桑提试图接续列维-斯特劳斯所说的"无须让我们离开自我"即可与他人保持一致,来进一步证明莫斯如何从局部达至整体。事实上,正是卡尔桑提引述莫斯的描述,才使我们明白莫斯何以只用描述就能从局部直达整体(总体)。"我们的节日是走线之针,它缝合了屋顶的片片草秸,使其仅成为一盖。"(莫斯,2016:32)没有比这一描述更形象的了。对于每个氏族来说,正是这些同样的交换关系的不断交叠,才使得彼此成为一个社会总体。

把握住总体这个概念,就相当于把握住了卡尔桑提为什么最后一章又回到导论中引出的讨论。因为古式社会的意义以及礼物的批判价值，完全在于借助总体这个概念所获得的对社会性的全新理解：这是一种诸面向的总体呈现，又是一种通过个体间相互性实现的整体属性。"总体性社会事实"无疑最好地表达了这一点，而这一点又恰巧与福柯说的哲学与人文科学之关系结构直接对应。所以，人文科学考古学的"法国版本"，所揭示出的仍然是一种最具法国理论特征的总体主义哲学。当然，这也是一种深刻的社会哲学。或许，在某种程度上，这也是卡尔桑提赋予这本小书的一种"气氛"。

参考文献

福柯，米歇尔，2016，《词与物：人文科学的考古学》，莫伟民译，上海：上海三联书店。

莫斯，马塞尔，2016，《礼物——古式社会中交换的形式与理由》，汲喆译，陈瑞桦校，北京：商务印书馆。

Karsenti, Bruno, 1994, *Marcel Mauss—Le fait social total*, Paris: PUF.

——, 2011, *L'homme total. Sociologie, anthropologie et philosophie chez Marcel. Mauss*, Paris: PUF.

Lévi-Strauss, Claude, 1950, « Introduction à l'oeuvre de Marcel Mauss», in *Sociologie et anthropologie,* Paris: PUF.

Halbwachs, Maurice, 1930, *Les causes du suicide*, Paris: PUF.

目 录

导论 ·· 1
第一章 礼物，在强制与自由之间 ······················ 13
    从自杀到礼物：关于义务概念的多种形式 ········ 13
    礼物与交换 ·· 21
    物之力 ·· 31
    礼物的三元结构：总体性社会事实的首要进路 ···· 37
    问题的解决办法以及新的视角 ······················ 45
第二章 从个体性到集体性 ································ 50
    关于描述的吊诡 ······································· 50
    心理学与社会学 ······································· 58
    精神分析：新的趋同空间 ··························· 72
    符号性总体 ·· 81
第三章 从局部到整体 ······································ 95
    气氛是什么？ ··· 95
    关于社会性之考古学的要素 ······················· 107
    礼物的批判性价值 ·································· 115

导　论

　　《礼物》是马塞尔·莫斯最出名的作品，至今仍与他的名字密不可分。莫斯的研究主题和他所创立的研究方法不仅在社会学和民族学中，同时也在哲学、语言学、经济学和历史学中引起了巨大的反响。然而，如此瞩目的对后世的影响，却会让读者感到惊讶。对于初次接触这一著作的读者而言，他们会发现自己面对的不但是一条蜿蜒迂回、甚至经常显得含糊混乱的论述线，而且是一系列表面上看起来散乱无章的评论，它们都讨论着同一个主题，同时又在该主题面前有些裹足不前。从这些方面考虑，《礼物》确实可以说是一份草稿——就像莫斯自己在作品开头所声称的那样，是"更大范围的研究的片段"——而不是一篇经过构思的、内在统一的论著，一套旨在将其提出的问题进行全部彻底讨论的连贯分析。我们最多会觉得，这只不过展示了他对礼物现象的博识多闻，不仅其系统性很成问题，其社会学式的论证也很难令人信服。

　　但是，在莫斯这位社会学家的所有作品当中，没有任何一部比《礼物》更为详尽地阐述了总体性社会事实（*fait social total*）这一概念，并在最后的地方讨论了其方法论后果。莫斯不是在一种系统的方法论论述中，而是在这个具体且明确的研究中，对涂尔干学术传统的方法论作出了贡献。这就是说，把总体性社会事实当作一种独立于具体现象的纯粹概念是完全不当的，因为对莫斯来说，具体现象不仅是经验上的应用，而且构成了发现的契机。这个理论工具的确是在实践中产生的，所以为了充分地理解并正确衡量其适用范围，就必须重新回到对礼物现象这个独特的事实的研究上来，看一看对礼物的研究能激发出怎样一种社会学理解。

这样一种重构能够赋予《礼物》一种更加广泛的适用范围。虽然在《礼物》的文本当中汇集了数量可观的民族学和史学的材料，但是我们却意识到，这个文本从未迷失在一种严格意义上的经验研究所带来的迂回之中，而这类经验研究更多是通过类比而非真正的解释来进行的。恰恰相反，《礼物》的分析是按照一种不散不乱的总视角组织的，所以在博学者的谦逊之外，我们更能看到一种近乎勃勃无涯的野心。以一些看上去无可无不可的对于波利尼西亚风俗习惯的想法为基础，这本著作却引向了对当代所谓文明社会的发展的一些切实的讨论。基于一种哲学性与社会学性同等重要的意图，《礼物》的分析最后谈到了社会性之所以为社会性的构成性维度。莫斯揭开重重面纱要展露给我们的，是"我们的社会建筑在其上的人性的基石"，这是一个永久性的地基，只有把它曝露出来，才能使"关于我们法律制度的危机和我们经济体系的危机所提出的问题的若干结论"[1] 得以推导出来。

---

[1] 《社会学与人类学》(*Sociologie et anthropologie*)，导论由列维-斯特劳斯作（Introduction à L'œuvre de Marcel Mauss，后文再提到时则统称为《莫斯著作导论》），

导 论

《礼物》的写作顺序完全吻合这本书主题的由小及大的扩展及其普适性的逐步建立。基于在波利尼西亚民族志中收集到的一些奇闻逸事，莫斯同时在地理和历史两个面向上进行了双重拓展。首先扩大的是地理范围，莫斯在介绍完微观层面的波利尼西亚礼物制度以后，紧接着就在第二章中表明了这一制度适用于太平洋地区的一切社会。接下来就是历史面向上的拓展：在第三章中，莫斯以众多古代社会证明了礼物现象对其具有同等深刻的影响。而在最后一章中，莫斯就可以指出，我们所生活的那些社会，不管看上去有多么地"进化"，却展现出相似的关系模式；在那些天涯海角之远、坟典载籍之旧中所能发现的礼物制度，在我们的法律和道德中保留了同等的效力。

这一由远及近，由古转今的回归，是《礼物》一书的一项基本特征。它的意义在于，我们把这种莫斯所谓考古学研究中得到的新的理解，重新作用在我们自己身上。这种研究不是要重新描绘出过去的线条，而是把过去加以现在化。所以，莫斯所说的"古式"（*archaïque*）层级，就根本不是社会学学派（Ecole）的学者——其中尤以涂尔干为甚——当时一直在使用的"原始的"（*primitif*）这一范畴。② 我们在此需要理解的是，莫斯的分析中所

（接上页）PUF，1950，第 148 页。（后文作者引用该书时均引自该版本。——译者）除了这本文集中所收录的文本，莫斯的其他著作全部由维克多·卡拉狄（Victor Karady）整理成三卷本，1968 年于 Editions de Minuit 付梓出版（后文引用时缩写为《作品集》[*Œuvres*] 卷一、卷二、卷三）。

② 需要强调的是，"原始的"（*primitif*）这一范畴本身就脱胎于"野性的"（*sauvage*）范畴，这带来的理论解放是对通常所说的进化论发起的第一场战斗。但是，对于进化论这个概念要非常小心，还要看到该术语所涵盖的方法的多样性。因此，虽然在《社会学方法的准则》（*Les règles de la méthode sociologique*，1895）

展现的一个一个连续的阶段,不是按照进化的动力学安排的——无论它是线性的还是多线性的——而是根据一种纵向的分层化过程。读者诸君慎之:《礼物》的特征就是,它并不是要去讲述一段历史,甚至不是要在各种各样的民族学领域当中,去重新寻找一个通过各种奇异的方式得以继承的渺茫的统一文明的踪迹。

对于我们的案例而言,无论是讲采借说还是独创说,都太轻率又太危险。再者,我们所勾勒出的图景也只能说明我们知识贫乏或者无知。对我们而言,目前能够表明权利这一论题的性质及其广阔分布就已经足矣;至于该论题的历史,且待能者为之吧。①

作为考古学家的莫斯挖掘的并不是时间意义上的,而是结构意义上的深处,因此他找到的是社会连结的一种原初的形式。这种形式远非由古至今的进化过程的邈远的起点,而是社会现实的构成性原则,在不同的时代、不同的地点以不同的方式表现着,且一直都是有效的。我们由此可以理解,这种特殊结构之所以在运行过程中有"基石"的牢固性,是因为从严格意义上而言,它就是一种地基。

(接上页)里,涂尔干的遗传学方法驳斥了孔德和斯宾塞的单一进化论,但是也因为为了解释何谓"基本的"(élémentaire)而不断借助于"原始的"概念,从而回到了另一种类型的进化论。关于这一点,可以参考《自杀论》(Suicide,1897)第1页的注释,以及达维的《信誓论》(La foi jurée,Alcan,1922)第18页。

① 《社会学与人类学》,第172页。(译文引自《礼物》,汲喆译,商务印书馆2016年版,第30页脚注①。——译者)

莫斯的分析受到考古学方法的启发，同时实现了一种不同学术角色的全新的融合。被埋藏起来的这个结构所具有的民族学和史学的意义显然又同时是社会学的。史学家和民族学家发现，自己的研究聚焦在了一个永恒的现在，即社会性之为社会性上，而这正是社会学家的本业。而社会学家的这个集大成的角色，虽然其意义更容易论证，但又被赋予了一种远远超过学术意义本身的贡献。也就是说，社会学家发现，自己在这个完全实践性的角色当中，是有根柢的，自己可以作为一种精神导师，对我们社会的未来提出若干假设，说明我们的社会处于或是应当处于怎样的道路之上。

我们看到，这本著作的地位是多么奇怪啊，它持续地徘徊于博学式甚至炫耀性地铺陈事实与不加掩饰地预测未来之间。这种模棱两可的地位是法国社会学传统所特有的。也就是说，因为有哲学的调性，所以一切形式的经验研究都需要隶属于一个更广阔的视野。而且，正如涂尔干所言，这一理论阶段只不过是前驱，而社会学研究的完成在于提出实践性的结论、改革的蓝图和社会发展的新方向。把《礼物》重新放回到这一背景下，它所处的地位就不再那么令人惊讶了：这本书正是严格遵循了这一根深蒂固的传统，把一时一地的大量观察的总和收敛到一种社会哲学之中，并最终将自身置于一个具体的社会干预的计划之中。

但是，任何一种普遍化的努力，不管是什么，都会引发对其合理性的质疑。特别是在作者号称跨过经验观察而逐渐臻于一种普遍知识的形式的时候，单纯的猜测和理论的学术面向之间的界限就变得尤为模糊。因此，我们就可以用这样一种形式发问：莫

9 斯凭什么可以这样从一时一地，跳到另一时另一地，在美拉尼西亚社会、古希腊、美国西北部的风俗、古代罗马法这些风马牛不相及的区域之间勾画出联系来，并最后从中推导出一些适用于一切社会的结论？

在开始阐释莫斯的文本之前，我们首先需要申明，总体性社会事实这一概念的功能之一，正是用来保证如此得出的关系具有理论可信度。但是在这之前，我们先得排除另外一种解法，一种可以称作本质主义的解法：在研究一开始的时候，就偷偷地引入一个普遍性的判据，并立刻将本质作为研究对象。具体来说，就是研究自在的礼物本身，只需要研究它在各种各样的具体社会形式中是如何实体化的就可以了。如果这么做，论述的统一性就确实得到了保证，但这不过是因为它一开始就在抽象形式下被给出而已。如此，经验性的研究就落在了次等地位，它假装是在发现一些原则，但其实这些原则先于彼而存在，而所谓的研究只不过是在验证或者应用这些原则。那么，我们在莫斯作品中所发现的，不就是一种性质类似的理论诡计吗？莫斯在对礼物及其所蕴含的奇妙的制度最能表达的这些"人性的基石"作出描述的时候，难道不是名为展示，实际上自己先把展示对象给定了吗？不过，对历史主义的拒斥，对某一社会现象要就其全体进行研究，就其各种呈现的整体进行研究这一反复陈述的愿望，并不会让社会学家囿于一种多少有些直觉性的本质。因此，莫斯在为宗教现象的社会学进路陈述理由的时候，认为：

在哲学和单纯的历史之间，是给一种严苛的推论准则留有空间的。每种现象各居其位，我们则可以从一些普遍的特征追溯到另一些普遍的特征，直到找到那些在所有可能的宗教中都普遍存在的、贯穿始终的事实。如此这般，我们才能确定，即使不存在一种严格意义上的宗教的本质，那么至少也存在着一种或者一组现象，它们是宗教之所以为宗教所不可或缺的。①

如果说《礼物》的研究工作能够把我们带到一种本质主义进路的对立面，这样做的代价就是"严苛的推论准则"。由是，逐渐建构的统一的论述，绝不能让步给礼物现象实际呈现的经验事实的多样性。这是因为，"所谓既定的对象，可以是罗马，是雅典，也可以是普通的法国人，是这个岛屿或那个岛屿上的美拉尼西亚人，但不会是祈祷或者法律本身"②。抽象在社会学过程中确实有其位置，但抽象既不能是初始的目标，也不能是终点。对社会现象进行科学解释，意味着从人的具体生活出发，目的是最终带着一个新的视角重新回到人的具体生活之上。所以，就像莫斯自己所做的那样③，我们必须把《礼物》放回到先于此、并使之可能的那些一时一地的研究的框架当中。这些研究能够展示，礼物现象所具有的普遍性并不是立即就能显现出来的，而是需要对千差万别的现象进行耐心地收集，通过缓慢而艰难的论述才能得到。

---

① 《作品集》卷一，第94页。
② 《社会学与人类学》，第276页。
③ 同上书，第153页。

自 1920 年起，莫斯就对西北美洲的若干群体的礼物模式"夸富宴"（potlatch）感兴趣。他在其中发现了一种原始契约的形式，其痕迹可以在其他的社会，特别是美拉尼西亚的社会中发现端倪。开始只是一个"出于民族志的好奇"的夸富宴，对莫斯来说逐渐成为了一个"关乎普遍而深刻的原因"①的制度。1921 年，莫斯在《色雷斯人的一种古代契约形式》（Une forme ancienne du contrat chez les Thraces）一文中，将他的第一个分析拓展到了古代社会。在比较性地阅读了荷马以及色诺芬、修昔底德，特别是公元前四世纪的戏剧作家阿那克桑德里德斯（Anaxandrides）的一些晦涩难解的叙述之后，莫斯以此为基础，首次提出了夸富宴的假设，按照这一假设，民族志调查所发现的夸富宴制度是交换的原初形式，并在各个社会的历史进程中逐渐消解。1923 年，在一篇对波利尼西亚法律的短篇研究中，他再一次对这个现象加以拓展。最后，在 1924 年，即《礼物》一书出版的同一年，莫斯进行了一项语言学研究，在其中提出，日耳曼语的 Gift 一词兼表"礼物"与"毒药"的二义性，借以说明夸富宴这一礼物制度中以为本质的敌对性。古代日耳曼人和斯堪的纳维亚人的 Gabe 的独特地位——既是礼物，又是质押——则在法律上体现了这种二义性，从而使莫斯之前所提出的假说又得到了新的确证，这说明这一过程确实有某种普遍性。

我们可以看到，莫斯经过了一段漫长的历程，因此我们很难指摘他的路走得太轻巧。莫斯所考虑的现象属于大量不同的范围，

---

① 《作品集》卷三，第 34 页。

而且关于每个现象,他都在其本身所处的体系之中专门地研究过,在现象之间建立的联系也不是在一鳞半爪的印象上随意地进行比较。关于这本集结了莫斯之前的研究、增广并按照同一视角精密组织起来的《礼物》,莫斯是这样定义他的研究方法的:

> 我们遵循一种严谨的比较方法。首先,就如同一直以来的做法,我们所研究的对象仅限于被选取的特定范围:波利尼西亚、美拉尼西亚、西北美洲和几种主要的法律。其次,由于涉及语汇和观念,很自然地,我们所选取的要讨论其法律的社会,只限于那些存在文献和语文学研究而让我们得以进入其意识的社会,这就进一步限制了我们比较的范围。最后,每项研究都涵盖了我们必须加以描述那些体系,但同时亦兼顾到它们的整体性;因此我们抛弃了持续比较法(comparaison constante),因为那种做法将所有事物都混在一起,让制度丧失其所有地方色彩,让文献丧失其所有风味。①

比较过程的系统性,只有在被比较对象皆自成系统的时候才得以成立。所以,论述的理论建构能够得到对其具体性的保证,因为每一个被研究的社会实体对其自身的意识得到了全局性的考虑,而不是在其许多方面之中,随便抽出一个就加以研究,而罔顾唯一能赋以其真正意义的语境。这样,我们就已经能看到,一个可以成立的比较研究的诸多期望,怎样通过对社会性的总体性

---

① 《社会学与人类学》,第149页。(译文引自《礼物》,汲喆译,商务印书馆2016年版,第8页。——译者)

的理解能够得以满足。为了理解礼物现象的整体，为了理解这种时空相隔遥远的不同社会当中的共有结构，就应该一开始把每个社会自身作为整体来研究，将其精神与体制的制度作为有内在连贯性的系统加以考虑，这样才能寻找联系，同时又不会将每个社会自身的独有特征抽除。这样的联系才是最严格的意义上的"关系"（rapports），其要点不在于基础性的现实，而是在于独特的关系的网络。但是，这里所阐明的这种形式结构正是唯一能抵御比较研究抽象化之危险的东西：只有它，就算在超越经验层面，试图生产一种普遍的关于社会性的叙述的时候，仍然能够把地方的色彩和风味留存给被研究的社会。而具体的方式，则可以在"总体性社会事实"的构造过程的主导性意志中得到逐步阐明：这是一种愿意调和一般与具体的意志，是一种把目标定在将社会性之为社会性概念化的同时，可以在这个单一性研究的框架本身当中处理经验材料的多样性的意志。

所以，《礼物》一书从头至尾，使读者始终不安的内在张力，正是"总体性社会事实"概念本身所特有的张力。我们就可以明白，这一文本的地位之所以难以确定，本质上是因为其研究对象的地位的二义性。如果《礼物》研究的不是自在的礼物现象本身的话，那它研究的是什么呢？莫斯对这一问题给出的是涂尔干学派异口同声的解答：作为社会事实的礼物现象。就像涂尔干在《宗教生活的基本形式》开篇挑战了对自在的宗教本身的研究的意义一样，我们看到，莫斯也从一开始就拒斥一切罔顾事实的本质主义的视角。但是，本质主义的问题在《礼物》中并没有得到彻底的解决，而只是向着更深的地方推进了一层，最后又以一种先决性怀疑的形式重新冒了出来：礼物真的是社会事实吗？礼物符合能够被判断为社会事实应该有的那些特征吗？对礼物进行一种社会学的研究，是否有一个可以使之成立的对象域呢？

在这个层面上提问，我们就可以更好地理解莫斯对涂尔干学派的更为经典的进路所做的可被察觉的转向，并在此基础上发展出来的自己的进路，不仅如此，我们还可以更好地意识到他的这一做法在本质上的独特之处：莫斯所确定的研究对象本身，与将社会事实进行对象化的公认做法是格格不入的，这就动摇了这些对象化的原则，并对其适用范围带来了相当大的修正。在这个意义上，将莫斯的文本与发表在《社会学年鉴》(Année sociologique)上的另一项研究工作进行比较就很有教益。这两个文本的主题颇为相似，但是其内容和结构却大为不同。这一文本即是达维于1922年发表的《信誓论》。莫斯在《礼物》中，或为了区分，或为了承继，曾经多次提到这部著作。达维一书的研究对象是契约的古式形式，正如莫斯自己提到的一样，其中严格以礼物本身为轴的研究只不过是薄薄的一小部分而已。但是，我们很快就会发现，把属于同一社会团体当中人和人之间义务的相互性作为礼物来理解，所蕴含的视角与将其作为契约来理解是大为不同的。这是因为，将契约视为社会事实是毫不困难的。第一，显然我们要研究的是个人是如何嵌入一个对其加以强迫的，在其中个人明明不得不屈从，却又好似加入了自己的个体意志的结构当中。第二，契约一眼看去就是一个集体性的概念，本身就要求我们超越个体实体的界限，在一系列彼此相互界定的关系中去理解个体。最后，契约是一个界定清晰的社会实体——此处为法律——的构成部分。换句话说，既然契约是法律的一个组成部分，就没有理由怀疑其作为社会事物的实体性。

然而，当我们把这三条界定原则——它们是社会学的题中之义——加诸礼物这一特别的现象之上，马上就能发现这些原则根本不合适。这是因为，莫斯的研究对象并不是达维整个研究对象中的一个子集，不仅如此，它就算不是系统性地推翻了达维的研究对象，起码也是达维的研究对象所不能解释的。实际上，只要将礼物作为分析角度，关于契约的社会决定论所做的每一步努力都在字面意义上被推翻了。因为，在这种情况下应该去研究的，是一种非常个体性的现象——或者说，其集体层面绝非自明的，而礼物现象就其自身原则来说，是不符合社会指定的义务的概念的，而这一现象又不仅仅局限在司法领域，而是四处流溢，以同样的力量，在道德、宗教、经济、政治与审美的层面上活动着。

接下来我们对《礼物》的读解主要围绕着礼物现象所呈现的社会学意义上的非规范特征进行。选择这条主线的原因是显而易见的：这样做，我们既可以更清晰地展现莫斯的做法的独特之处，又可以把总体性社会事实这一概念作为这个做法所带来的二义性的必要解答，在其发源之处进行介绍。我们将一步一步地理解，把礼物看作社会事实是多么地困难，并且研究这个疑难是如何在不同层面上得以解决的。

第一章
礼物，在强制与自由之间

从自杀到礼物：关于义务概念的多种形式

在历史上第一次将社会学确立为一门真正的科学性学科的时候，涂尔干在他这一奠基性的计划中，自然而然地遇到了一个最原初的问题，即要对学科研究对象进行界定。"什么是社会事实？"这一创始性的问题在他每一部著述中反复出现，无论是在严格意义上的方法论研究中[1]，还是在对社会分工、自杀或者宗教生活的基本形式进行的专门而具体的研究中。然而，在自然王国中，到底哪一部分是值得社会学家去探究的呢？对这一问题的界定却总是以同一种模式进行：正是因为某一些事实有一种强制力，可以作用于个体或者具有作用于个体的倾向，我们才能将其认定为专门意义上的社会事实[2]。因此，强制就成为用来判断实际层面

---

[1] "什么是社会事实"这个问题后来直接成为《社会学方法的准则》（1895）（*Règles de la méthode sociologique*, PUF, «Quadrige», 1987）第一章的标题。

[2] "一个社会事实，只是由于它有或能有从外部施及个人的约束力才得到人们的承认；而这种约束力的存在则是由于某种特定的惩罚的存在，或者由于社会

上的客观决定性的根本准则，而这就容许社会学家在一个——按照涂尔干的说法——当时仍然被文学家的臆测所蹂躏的领域去探寻各种法则，以便对其进行一种科学的解释。

在由涂尔干——《社会学年鉴》的创办人——所发展出来的这一视角中，强制这一判据可能是最经常出现的社会之于个人的外在性的直接后果。社会虽然是个体的联合，但有着自己独特的存在，与个体的存在不同，它在这一过程中获得了一种强制性的力量，正是通过这股强制性的力量，它迫使其成员将社会赖以运转的更高的目标采纳为个体的目标。这就是为什么社会性的自主化——需要指出，从具体的观察的层面来看并不显然——根本上就是以强制的形式表现出来的。对观察者而言，特别是对社会学家想要成为的那种特别警醒的观察者而言，要把社会这个整体的特征作为对象来考虑，就意味着要找到一套规范性装置，这套装置限制其成员各自不同的倾向，在相当大的意义上决定他们的存在方式，从而把自身强加在其成员身上。

因此我们就能理解，义务和强制的概念在涂尔干所提出的理论大厦中所具有的地位——至关重要，即使不是存在意义上的，至少也是认识意义上的。如果说社会学家的工作就是要在社会事实的层面上建立一个严格的决定论，那么对个人身陷其间的义务系统——无论个人是否察觉——的研究就是根本性的。但是，不能据此就认为涂尔干有意愿要斥责社会强制，强制的枷锁一旦被

（接上页）事实对于个人打算侵犯它的一切企图进行抵制，而得到人们的承认。"引自涂尔干，《社会学方法的准则》(1987)，第 11 页。（译文引自《社会学方法的准则》，狄玉明译，商务印书馆 1995 年版，第 31 页。——译者）

暴露出来，就必须予以打碎。恰恰相反，对涂尔干而言，社会具有一套道德价值，并在此基础上形成了它的权威，正因为如此，它所施加的强力因负有真实的文明化任务而找到了充分的证成（justification），而正是借由这种文明化，人类才越来越彻底地从自然王国中分离。我们也就能理解，在这一背景之下，对限制因素的坚持根本不是对自由的否定，而是通过目的论过程把自由界定出来。所谓的"社会驯服"（dressage social）主要是利用教育性技术来实现的，而在这一过程中，自由得以在一个自身专属的空间里逐步地建立起来。这一空间不仅赋予了自由的形式，也赋予了其唯一可能拥有的存在。①

然而，在定义什么是社会现象时，给强制这一维度赋予如此重要的位置或将引发问题，特别是在以一种完全具体的视角去考虑个体本身层面上的情况的时候。就像涂尔干也承认的那样，有一些想法和做法，的确是社会压力的结果，但是在如此想和如此做的主体眼中却完全不是这个样子，对他们来说，他们会这么想，会这么做，完全是出于自主性和自由选择。当然，我们可以解释道，这是因为社会事实的构成根本上是表象性的，并且这样的一个表象系统必然会产生幻象。但是在这种主观的否定之外，

---

① "如果个人只有自己可以依赖，那么他就容易依赖物理性的力量；如果他能够逃离、超越这种境况，形成自己的人格，那是因为他受到一股自成一格力量的庇护。首先，这是一种非常强大的力量，因为它源自所有个体力量的联合；此外，它也是智慧和道德的力量，因而能够中和自然本质中愚昧的和非道德的能量。这就是集体的力量。理论家有权指出人们享有自由的权利；但是，无论这些论证的价值如何，都是因为这一自由只能在社会中才能够实现。"涂尔干，《社会学与哲学》（Sociologie et philosophie），PUF，1951，第79页。

还有一些现象以更激烈的方式显示着我们在此提出的矛盾。自杀现象即为一例。用社会性的原因对自杀进行解释，跟常识的想法是完全断裂的：还有什么行为比自杀这种如此严重的、决绝地走向死亡的行为更个人、更不受集体性原因决定的吗？1930年，当哈布瓦赫继续他的老师涂尔干的研究时，也提到了这个研究进路与其研究对象的扞格："以这样一种方式离开同类（自杀），其中掺杂混合了自由选择和宿命论、决心和消极、清醒和迷惘，这使我们困惑。"[①] 像涂尔干一样，声称自杀的原因主要是社会性的，这样做的时候，所陈述的理论"第一眼看上去是自相矛盾的，连第二眼都是矛盾的，因为我们平时在解释自杀的原因的时候，方向跟这个完全相反"[②]。尽管如此，涂尔干还是解决了这一悖谬：基于统计研究，他的论证揭示出一些规律性，其存在只能由社会法则来解释，而正是这些社会法则决定了一个既定的社会在一个既定的发展阶段的自杀率。"一种温度计指数，可以说明一个群体的风俗状态和道德温度。"于是对涂尔干而言，自杀就无关于个体的任意性，也不再是生理心理学的禁脔。如果能够且应该科学地去考察自杀现象，那么它就应当被作为一个嵌入社会性因果关系网络中的事实，将自身强加于个人，而个人甚至没有察觉到其义务性。

通过自杀这一社会学研究的案例，我们注意到义务的判据多少有些动摇了，失掉了其首要地位。这是因为，在很多情况下，

---

① 哈布瓦赫（Maurice Halbwachs），《自杀的致因》（*Les causes du suicide*），Alcan，1930，第1页。
② 同上书，第10页。

第一章 礼物，在强制与自由之间

我们必须承认，强制力这一因素并不是一目了然的，而是需要被揭示出来，才能让社会事实完全清楚明了地呈现出来。所以，一个行为是否是在个人意识的层面上自由决定的并不重要，关键在于，在有自觉的个体性之上，还作用着一个有效的决定论：将现象放到集体的层面上，进行一种批判性的考察研究，就能将其揭示出来，从而就对个体是自主的这一幻觉性肯定去神秘化了。这一转置使得根据群体的状态来考虑自杀成为可能，同样地，我们也终于能以一种挑衅而精练的方式宣称，"正是这些集体性的倾向，透过对个人的渗透，促使他们去自杀"①。但是这样做，我们就远离了自杀者本人的个体自觉的层面，从而无法对个人在决定自杀的时刻所产生的个人动机进行社会学的分析。这些想法被归入无关重要的剩余物的行列，而社会压力就因此作用于一个我们称为无意识的层面之上——无意识指的是个体心理的晦暗不明的一部分。"有一种幻觉让我们觉得，那些外部加诸我们身上的东西都是我们自己创造出来的，而我们其实受到了这种幻觉的愚弄。然而，虽然我们的顺从掩饰了我们所受的社会压力，但却无法清除它。"② 简言之，虽然我们处于一种自己是自主的幻觉之中，社会义务却仍然存在。

我们之所以如此连篇累牍地讨论自杀现象，以及涂尔干对这个现象的对象化，是因为在把礼物现象作为社会事实进行概念化

---

① 涂尔干，《自杀论》(*Le suicide*)，PUF，«Quadrige»，1986，第336页。
② 涂尔干，《社会学方法的准则》(1987)，第7页。我们会注意到从社会强制出发而形成的关于无意识的理论化，跟同一时期形成的精神分析的概念是多么地迥异。在此，无意识指的仅仅是意识造成的迷惑和盲视，而其首要地位和运作本身根本没有受到任何质疑。

的时候，似乎遇到了类似的阻力。莫斯在研究之初刚着手处理这一首要问题时，表现得像一个忠诚的弟子，是对《自杀论》满怀关注和敬意的读者：

> 面对如此复杂的议题，在如此多样而变动的社会事实中，我们这里只能考察其深层而独立的一点，这一点即是：这些所谓的自愿的呈献，表面上是自由的和无偿的，但实际上却是强制的和重利的。从外在形式上看，呈献差不多总是慷慨大度的馈赠，但其实，在与交易相伴的这些行为中，只有虚假、形式主义和社会欺骗；或者说穿了，只有义务和经济利益，但它们的形式也几乎总是礼品或慷慨馈赠的礼物。①

虚构、形式主义和社会欺骗遮蔽了实际有效的社会强制。它们其实是由个体编造出来的一种欺骗：个体坚信自己是出于自己的意愿而采取的行动，实际上却是受到看不见的社会力的驱使。可是，对于之前提出的问题而言，这样的说法只是换了一种新的提问方式，却并没有最终解决问题。能否认为虚构只不过是一层毫无意义的面纱，只要揭开它就能看到真实的纯粹的社会决定论？莫斯正是为了反对这样一种化约论而确立了自己的研究计划，去分析慷慨馈赠并自愿馈赠的礼物的形式本身。这也就是要去研究虚构作为虚构，是以何种方式积极参与到决定论的有效运转当

---

① 《社会学与人类学》，第147页。

中的。而虚构在遮蔽其有效性的同时又将其揭露出来。在这种视角下,"社会欺骗"(mensonge social)因其代表了社会义务在个人对其行为的感知的层面上的一种独特的生产方式,而获得了其自身的意义。

也许由于过于致力于确立社会学方法的自主性,并将其与其他各种研究进路区分开来,涂尔干因而过于急切地将社会决定的主观表达方式从他的研究领域中剥离出去,而将其视为决定论——该过程的有效性总是隐藏在其所展现的表象之后——的次级分支。至于看得见的那些表象——借用涂尔干在自杀研究中提到的说法——从来都不是"大的集体性倾向",而是被"集体性倾向"所渗透的个人,将这种"倾向"以一种独特而显著的方式表达出来。哈布瓦赫在《自杀的致因》一书中——顺便提一句,该书由莫斯作序——敏锐地指出涂尔干研究视角的局限所在:将个体性的动机仅视为借口和偶然,而不是将其看作为一个整体的社会决定论的组成致因。这就造成了"一道横亘在大的集体强力与个体动机或者具体情境之间的鸿沟":社会学将其调查研究的领域局限于前者,而有意地忽略掉后者。然而,关于自杀社会学的设想,就跟关于礼物社会学的设想一样,都与这样一种割裂相冲突:分析一直延伸到集体强力与个人意愿交汇的层面上,并进入由各种迥异的因果论所编织的"多多少少有点紧密的网络"[①]中。对这些因果论之间的区别,应该进行详细的研究,而这也就构成了一个根本的理论方向。

---

① 哈布瓦赫,《自杀的致因》,第14页。

23　我们应该看到，这个新的方向，不是简单地把一个研究进路直接往前拓展，超过其本来的边界，而是意味着不管是整个的问题意识，还是将社会事实作为社会事实看待的时候所能有的视角都发生了一个真正的方向上的转向。

在此，强制的判据及其绝对的可靠性受到了完全的质疑。《礼物》也就开创性地提出，同时要顾及事实义务性的一面，以及事实背后自愿性的一面；不能为了强调一方面而牺牲另一方面。就这一点而言，该文本的意义就在于：不再局限在"强制"的议题，摆脱"强制"的排他性解释功能，如此才能够进入一个新的问题域之中——一种正是以自由的面目行动着的决定性。社会决定性以这样一种复杂的方式存在着，使得它不能被化约到一种显性或是隐性的、被承认的或是多少有所遮掩的强制那里去。所以，就有必要对社会事物的原因开拓出一种更为广阔的视野，在其自身当中互相联系并集合了集体性的倾向以及个人的考虑。后者以一种有效的方式呈现出来，并且社会学家可以直接对其加以研究。就是这样，所以才有必要特意强调这种如此自相矛盾地将自愿与义务、自由与必然合二为一的团结，以及开始描述支撑着它的具体的机制，从而对其逐渐加以厘清。礼物的自愿方面的确是在任何情况下都绝不能规避的，但我们可以看到，这是因为这不过是对经由礼物所实现的义务的一种看法而已。这种自愿方面远非仅仅是义务的对立面，而在某个意义上是它的另外一面：它正是在看似否定了义务的那一个过程当中，把义务的行动实现了。

第一章 礼物，在强制与自由之间

礼物与交换

在这一方面，礼物的概念，就其自身而言，不可否认地构成了一个特别明晰的进入角度。简单地说，礼物到底是什么？礼物是一个呈献，或者以财富流动的形式达成，或者以一个个体或群体向另一个个体或群体提供服务的形式达成；至少在呈献所发生的瞬间，礼物的基本特征是，它的实现只能沿着一个方向[①]。在去考虑这些构成莫斯研究工作的核心的互惠性现象之前，我们有必要强调礼物这一概念本身所含有的悖谬之处：虽然关于交换的原创性理论是以礼物现象为基础的，然而乍看上去，礼物所描绘的现象更像是交换的对立面而非交换的一种形式。礼物，只有在它不是交换的时候才成其为礼物，换言之，只有在馈赠发生时，拒绝或蔑视可能的回礼时才是礼物——简而言之，在它根本上表现为不求回报的行为的时候。忽视礼物概念的这一方面，我们就可能忽略莫斯及其后继者常用的"互惠的礼物"这一遣词的荒谬之处，不仅如此，把交换建立在一个准确说是对交换的否定之上的

[①] 最近，雅克·德里达（Jacques Derrida）提出使用一种哲学进路来研究礼物现象，而这一进路完全取决于其概念当中的单边性（参看德里达的《耗时：伪币》[*Donner le temps, la fausse monnaie*]，Galilée，1991）。以至于概念本身为了自证而进入一种准取消的状态："为了有礼物，受赠方就不得回礼，不得摊还，不得偿付，也不能结成契约关系，更不能为欠债所累……最要紧的是，他一定不能把礼物当作礼物。"（第 26 页）说到底，"我们甚至可以说，莫斯的《礼物》这样一本里程碑式的作品，什么都谈论到了，除了礼物：它讨论了经济、交换、契约（*do ut des*[对价关系]）、抬价、献祭、礼物和回礼，总而言之，所有既推动赠予又取消礼物的东西"（第 39 页）。

这一惊人的尝试看起来也是荒谬的，而这一尝试，对众多经济理论家而言，正是《礼物》一书的关键旨趣所在。

在这些情况下，相对于自杀现象而言，我们要更容易意识到借助义务概念而施行的社会学进路的困难所在。原因也许在于，义务的问题不是用同样的方式来提出的：单就礼物而言，实际上并不存在一个被掩盖的或者未被觉察的义务，而存在着一个非义务，一种被明确追求的自由，而这追求本身就给概念以全部的意义。涂尔干式的界定因此在其根本上被动摇了，因为，在这种情况下，它本来以为能框定何谓社会事实所依据的准则完全被否定了。当然，用莫斯自己的话来说，《礼物》一书的目的是为了澄清一个"社会欺骗"，从而将作用于礼物现象——换句话说，悖谬地通过否定而存在的现象——的义务给揭示出来。即使如此，我们也应该认识到要赋予这一社会欺骗以一定的真实，不是那种藏在社会欺骗背后的、欺骗对其只能起到遮盖作用的真实，而是一种欺骗在其自身的层面上所展现出来的、用以表达自身的真实。

这一点，莫斯在写作《礼物》之前就有所提及。那时，因为与他对北美洲的夸富宴的分析直接相关，莫斯首次对波利尼斯亚的馈赠进行了研究，并在研究中强调：虽然"敌对和争斗如今对这个系统而言是陌生的主题……礼物的赠予既是义务性的又是自愿性的，礼物的接受也同样是义务性的和自愿性的，这一主题在系统中则是根本性的"[①]。礼物所确立的纽带具有这一特征：不管是从送礼者的角度还是从受礼者的角度，义务与自主彼此之间都

---

① 《作品集》卷三，第44页。

纠缠不清，这就要求我们不能只研究其中一个方面而完全不考虑另一个维度。为了把握这一关系的具体动态，就需要保留共存着的相互矛盾的两个方面，并尝试去解释两者以何种方式相互支持，并合力构成同一个目的。因为，一方面，如果仅考虑礼物现象自愿和自由的一面的话，我们就失去了所有能够揭示礼物现象所暗含的社会决定论的机会，甚至于，社会学无法再将其作为研究对象。相反，如果将这种决定论用强制的框架来严密定义，而将礼物现象看上去是自由的这一事实作为微不足道的余数而忽略不计的话，我们则可能会落入一种抽象而不当的解释之中。

这样，我们就能理解，在《民族志手册》这一旨在指导非常具体的田野观察的教程中，当莫斯举例谈到美拉尼西亚的交换形式时，他着重强调了这种交换的自由的维度而非支撑于其下的义务：

> 这些交换的形式总是假定它们是自愿的：义务的，却也是自愿的。这是以礼物的形式被接受，而不是以物易物的形式，也不是以报酬的形式；然而，这就是一种报酬。在锄草和打谷的时节，应当给来帮忙的人提供这整个期间的饮食。在这些社会中，共同劳作不仅是必要的、义务的，同时也是自愿的。任何强制性的措施都不存在，个人是自由的。①

"个人是自由的"，这一断言听上去违背了涂尔干为社会学

---

① 《民族志手册》(*Manuel d'ethnographie*)，Payot，1967，第130页。

确立的最根本的原则。不过，这也可能只是以一种更加专注的方式——过于细致，以至于他的忠诚变得模糊起来——忠于上面提到的涂尔干的另外一些文本；这些文本与文风简明扼要的《社会学方法的准则》不同，强制判据没有那种排他性霸权，自由是实存的这一问题也在其与社会生活的关系中被提出。不管是哪种情况，莫斯的说法都具有一个很清晰的含义：社会性之所以为社会性，并不在于对自由的否定，甚至也不在于一种局部的拒斥，而在于自由最终所采取的具体形态。这里看上去有一个悖谬：一种依据一个被决定的规范系统的自由，一种被明文规定的自由，一种处在社会框架的限制当中又为其所局限的自由，但正是这一社会框架为自由赋予了其唯一可能的存在形式。社会决定论不像涂尔干所想的那样阻碍了自由，而是给自由设定了边界，从而使自由得以存在。

被强制的自由或者自由的强制这一悖谬，正是在礼物现象当中真正得以纯粹的形式呈现出来。在莫斯对库拉（Kula）——美拉尼西亚社会的一种特殊的商业形式，马林诺夫斯基曾长期研究过其运作过程[1]——所做的分析中，赠予现象就是这样被放在赠予者-受赠者之间的主观实践的层面上来考虑的，并且这些主观实践所揭示的暧昧不清也得到了强调：

> 赠送的一方却表现出夸张的谦卑：在螺号声中，他恭谨地献出他的赠礼，并为只能奉上自己所余的东西而表示歉意，

---

[1] 马林诺夫斯基,《西太平洋的航海者》(*Argonauts of the Western Pacific*), New York, 1922；法文版: *Les Argonautes du Pacifique*, Gallimard, 1963。

然而把要送的东西扔在对手——亦是搭档——的脚边。这时，螺号和司仪均以其各自的方式宣示这一转让的庄严。在此过程中，一切都力图凸显出慷慨、自由、自主以及隆重。但实际上，这都是义务的机制——确切地说是关乎物的义务机制——在发挥着作用。①

我们送出礼物，就好像它完全不值得一提。台面上，我们表现出了这一行为是无偿的、不求回报的。然而，如此被强调的这种自由，却只不过意味着一种非给不可的义务，这就意味着，我们能且只能以这种方式而自由。这样，库拉就直截了当地表明了强制在何种程度上是馈赠自由的本质特征，这一点在礼物上表现得特别明显——对赠送的一方和收受的一方而言，礼物同时带有庄重和轻蔑、隆重和藐视的印迹。这样，掌握了这些田野材料的社会学家就不得不接受一个全新而困难的任务，即解释这样一种义务是如何能且只能表现为自由的这一复杂过程。

从他与于贝尔（Henri Hubert）合作的初期研究开始，莫斯就遇到了这一理论上的困境。为了对巫术仪式进行准确的描写——尤其考虑到其迥异于宗教仪式——就需要确定作用于其上的特殊的集体力是什么。于贝尔和莫斯于是给出了一个定义：巫术就是"一切不属于一种有组织的崇拜的仪式，是一种私下的、秘密的、神秘的仪式，并趋近于被禁止的仪式"②。通过禁止的观念，巫术得以找到方向和结构，在合法性的边缘找到其存在形式，并与确立

---

① 《社会学与人类学》，第177页。（译文引自《礼物》，汲喆译，商务印书馆2016年版，第35页。——译者注）
② 同上书，第16页。

为合法形式的社会义务背道而驰。巫术是在允许和禁止的边界上构建的，并且通过一些特别的技术和一系列严格规定的仪式实践对这一边界构成威胁。在这些情况下，用社会学方法来研究这些现象并不能通过强制这一固定而严格的判据来得到证成。这使得莫斯甚至不得不使用一种与《社会学方法的准则》所提出的原则背道而驰的普遍的方法论准则："对我们来说，严格意义上的义务并不是社会性的事物、行为和情感的区分性特征。非法的巫术行为对我们来说仍然是社会性的，这么说并不是自相矛盾。"① 与礼物现象类似，这里也需要将对社会事实的理解框架加以相当大的拓展：需要在非强制当中，甚至在对义务的否定当中看到某一种决定；也需要承认，人类在社会中的所作所为所依据的许可并不是禁止的另一面，而是禁止为了能够起作用而采取的特殊的、矛盾的形式。

最后我们可以看到，在这里被深深质疑的正是对社会事实的客观化。礼物、巫术，甚至是哈布瓦赫在1930年重新研究的自杀，对莫斯而言，这些迹象全都表明为了能够揭示社会现象呈现出来的这种特有的规范性，只在粗略形式中考虑义务概念本身是不够的，必须回到义务这一概念上。简而言之，通过观察视角的位移，我们就重新定义了作为社会学家研究对象的社会事实，社会学家就因此必须额外关注社会事实所呈现出来的具体形式。

至于礼物现象，问题是这样的：它所暗含的社会决定的固有形式是什么？这种形式是如何具体表现出来的？这个问题的答案，

---

① 《作品集》卷一，第24页。

如果一时无法全部得出的话，我们至少也要知道得出答案的途径。为了弄清楚礼物是如何"强制"的——我们充分了解在使用该词语时所应有的谨慎——就有必要研究回礼（*don en retour*），这一被送出的礼物用某种并不刻意的方式召唤回来的东西。尽管礼物概念显示了无偿性以及这一特性的内在性，我们仍需要指出其带有互惠的一面，从而把馈赠行为放入更广泛的一般交换的背景下。每个被研究的社会都需要如此。这么说是因为，赠予者否认、否证了赠予的互惠性，这根本不是在说互惠性没有实现，只是意味着它通过否定本身而得以实现。也就是说，互惠性不是发生在交易双方对交易条件和交易形式上达成的协议里，而是发生在双方用礼物来相互对抗的斗争当中——就礼物本身和赠受双方而言，礼物一旦被送出，是不愿意它被还回来的。

换言之，"互惠性礼物"这类现象确确实实地发生了，并在美拉尼西亚和北美的各社会中具有相当广泛的存在，因此"互惠性礼物"这一表述不是毫无意义的，至少其所强调的内部矛盾有助于指出凭借此类方式建立的社会纽带中特有的根本性张力。在交换的源头那里——尤其是因为这种交换基于馈赠，也就是说基于其否定——有着斗争、激烈的争斗，而不是为了自己利益的理性主体相互之间达成的和平协议。我们看到，选择将礼物视为经济关系的一种原则性形式，包含了对政治经济学所秉持的原则的强烈批判，因为后者假设社会主体都有一个内在的理性，而这构成了交易得以进行的潜在的契约条件。在后文中我们将会讨论《礼物》一书是如何重新看待理性和经济发展的。[①]就目前而言，我们

[①] 见本书最后一章。

只需要强调莫斯对对抗性这一夸富宴所具有的区别性特征所赋予的重要性，还需要看到在这种想法中存在着一种对自由经济的批判，这里所说的自由经济是以亚当·斯密为代表的最经典的理论资源而论。

《礼物》这本民族志到底揭示了什么？无论是新西兰的毛利首领，还是西北美洲的海达酋长，赠予者所炫耀的利益无关和慷慨大方中混杂着战书的意味，挑战是向着受礼者发出的，受礼者理应承认其对手更高的社会地位。如此，慷慨就远非一种自由的行为或者不受限制的行为，毫无疑问的是，慷慨是出于一种想让受礼者服从的欲望，并在他身上打上权力的印记。这一斗争最有可能被直接观察到的地方就在"夸富宴"一词的发源地，也就是西北美洲的诸社会之中：

> 首领的个人名誉及其氏族的名誉与花费、高息还礼的确定性，这两者之间的联系的紧密程度是无以复加的，这种联系要求人们把别人加给自己的义务再转化成加给别人的义务……基本的原则是对峙与竞争。个体在盟会和氏族中的政治地位以及各种等级都可以通过这种"财产之战"取得，就如同借助战争、运气、遗产、联盟和婚姻取得一样。其实，一切都被当成了"财富之争"。①

"财富之争"因而构成了一种范式，使得一切的社会关系，甚

---

① 《社会学与人类学》，第 200 页。（译文引自《礼物》，汲喆译，商务印书馆 2016 年版，第 57—58 页。——译者）

至包括其最不具敌意的形式,如婚姻、联盟或者继承,都浸染其中。然而这样一种战争想表达什么呢?我们可以看到,它并不是为了追求利益或者盈利导向,因为比起积累财富,它更是为了消耗财富——准确地说,以馈赠的方式来消耗,有时候甚至采用最激烈的方式,在公开场合将财富损毁掉。通过礼物达成的交换想表达的,是对威望的争夺。这是一场完全象征性的斗争,比的就是主体的社会位置、"阶位"(rang)以及其行为所指向的群体的成员对他的认可。这样,人与人之间的对抗性就具体凝聚于依托礼物而进行的交换之上;或是用马歇尔·萨林斯的话来说[1],这种交换就是霍布斯借以描述自然状态的"一切人对一切人的战争"的"替代品",并在这个意义上代表了社会性的处境本身。然而必须即刻强调指出,这样一种关于社会纽带之基础的看法是与各种契约论理论背道而驰的——后者的基础是建立在理性之上,并在对共同利益的清晰认识中形成的合意。诚然,"要做交易,首先就得懂得放下长矛"[2];用莫斯自己的话来说,礼物制度是一个"进步"。然而,我们也承认,战争并没有因为变成礼物交换而停止,而是以象征性的形式重新打响了,所用的是其他的武器,所根据的也不是杀戮原则——杀戮行为则在话语的层面上被明确地表达出来,比如特林基特印第安人在赠送礼物或者损毁礼物的时候,

---

[1] 马歇尔·萨林斯(Marshall Sahlins),《石器时代经济学》(*Age de pierre, âge d'abondance*),Gallimard,1976,第 221 页及后页。在这几页里,萨林斯尝试着去定义"《礼物》的政治哲学",并将其与霍布斯的思想进行了一个长篇幅的比较。
[2] 《社会学与人类学》,第 278 页。(译文引自《礼物》,汲喆译,商务印书馆 2016 年版,第 132 页。——译者)

他们会说"杀死财产"①。日耳曼语中，gift 一词所具有的双重含义也是同样的道理；是礼物也是毒药，gift 这个词基于一种自相矛盾的一体性，继续传达出礼物交换时，在其文明有礼的形式之下仍然存在的暴力。

如此，当根据交换本身所表现出来的对峙性来描述礼物交换时，比起霍布斯，我们更容易想到黑格尔，更确切地说，是科耶夫从 20 世纪 30 年代初开始在法国开授的关于《精神现象学》的课程中的黑格尔。科耶夫对黑格尔的解读围绕着"主奴辩证法"——科耶夫认为这是黑格尔研究的核心——而展开，以人所特有的现实为基础，阐明了一种"为了认可的殊死搏斗"，一种纯粹地为了声望的斗争，"对欲望的欲望"在其间相遇并争斗，争斗的唯一目的是被他人认可，这一价值对人而言是最高等级的价值，也是人无法抗拒的。② 这一斗争在夸富宴这一人类学现象中是以一种何其具体而可触及的方式呈现出来的啊，这一点对当时多数的法国学者而言都是毋庸置疑的。莫斯的文本和科耶夫的课程，尽管视角不同，研究主题也互相独立地展开，却以一种独特的方式交汇，共同构成了诞生于 1937 年的以乔治·巴塔耶（Georges Bataille）、米歇尔·莱里斯（Michel Leiris）和罗杰·卡洛伊斯（Roger Caillois）为核心的"社会学学院"*（Collège de Sociologie）

---

① 参见《社会学与人类学》，第 201 页脚注②。（参见《礼物》，汲喆译，商务印书馆 2016 年版，第 58 页脚注③。——译者）

② 参看科耶夫（Alexandre Kojève），《黑格尔导读》(Introduction à la lecture de Hegel)。这本书由雷蒙·格诺（Raymond Queneau）根据课程笔记整理出版，Gallimard，1947。

* "社会学学院"指的是由巴塔耶等人发起的一个学术团体，成立于 1937 年 11 月，于 1939 年 7 月解散。成立这个团体是为了研究并推广社会科学研究。

这一思想运动的真正的理论基石。①

物之力

因此，礼物交换当中的交易与互惠性，是一种仅仅在同时是争斗的前提下才成立的交易和互惠性。礼物交换象征着一场无尽的争斗，这种争斗使得社会纽带在流动中不断受到危害的同时也得以永续。在这个意义上，我们看到，在整个社会范围中持续流转的并赋予社会以凝聚力的正是力，而不是由契约所确立的权利或者责任。那么，这个力是如何表现出来的？在礼物的层面上，它实际表现为何种暴力？以何种方式？研究就转而关注礼物制度这一原则性的社会纽带，莫斯将其表述为紧密相关的两个问题："在后进（arriére）社会或古式社会中，是什么样的法律与利益规则，导致接受了馈赠就有义务回报？礼物中究竟有什么力量使得受赠者必须回礼？"② 这两个问题理应共同构成《礼物》一书的主线，然而它们却展现了不同的取向。

（接上页）该团体举办了多次公开的讲座，丰富了两次世界大战间的法国学术生活，并对以后的学术研究产生了深刻的影响。——译者

① 参看丹尼斯·霍利尔（Denis Hollier）所著《社会学学院》（Le Collège de Sociologie），Gallimard，1979。在学院的活动中，巴塔耶占有不可或缺的一席之地。巴塔耶作品中的关键之处都能在《礼物》中找到源头。自1933年起，他发表了一篇名为《耗费的概念》（La notion de dépense）的文章，战后，他重拾此文，并在《被诅咒的部分》（La part maudite）一书中将其补充完善。如此，他就为古典经济学概念的"逆转"（renversement）奠定了基础。这一点我们在后文中会再谈到。

② 《社会学与人类学》，第148页。（译文引自《礼物》，汲喆译，商务印书馆2016年版，第6页。——译者）

第一个问题非常经典,《礼物》一书也因此而被视为达维的著作《信誓论》的延承,并为何为社会性之基础这一问题的契约论解释添砖加瓦。第二个问题的提法则独特得多,它放弃了既定规则的规范层面,转而关注其效果层面,也就是受赠者所感受到的、迫使他不得不加倍回礼的力量。因此,这个问题就意味着礼物流动的强制性维度并非隐匿于流动之下,而在流动本身,具体表现为在赠礼各方之间流动的物品。实际上,因为致力于弄清礼物制度表现出来的甚为特别的规范性,莫斯更专注于解答第二个问题,或者说,对第一个问题的研究完全是为了第二个问题服务的。如果我们的目的一直是弄清楚"契约性道德的恒常形式"的话,那么我们就会更为吃惊,因为礼物这一形式本身并不具有契约的任何特征。[1]

所以我们首先需要说清楚的是,强迫受赠者对收到的礼物作出回应,并由此将礼物确定为一种紧张关系的是怎样的一种力。因此,《礼物》第一章的开篇就集中在"回礼的义务"之上,因为这是此类现象所蕴涵的社会决定论的最显著的标志。这一进路始于对波利尼西亚民族志所记事实的研究,这一点并非偶然:正是在这一地理区域,在毛利人那里,这一专门的力,受赠者一旦收到礼物就会承受的力,得以以最清晰的方式问题化。这个力就是"豪"(hau),是烙印在交换的事物上的力量。基于民族学家埃德森·贝斯特(R. Eldson Best)收集到的材料,莫斯对"豪"展

---

[1]《社会学与人类学》,第148页。

开了研究。如果说"豪"是理解毛利法律运行方式所必要的根本性概念，那是因为"豪"并没有去定义一种外在于物的、可以被固定分配的所有权，相反，"豪"本身意味着一种动力，身处其间的交换物被裹挟着沿着一个固定的方向流动，交换物因此被赋予自身的生命，从内部被注入活力，真正地活跃起来。"豪"可能是一口气或是一阵风，它构成了它所赋予生命和流动的事物的循环原则。

在被接受和被交换的礼物中，导致回礼义务的，是接受者所收到的某种灵活而不凝滞的东西。即使礼物已被送出，这种东西却仍然属于送礼者。由于有它，受礼者就要承担责任，也正是通过它，物主便能凌控盗窃者。"通家"（taonga）*中活跃着来自丛林、乡野和土地的"豪"，所以"通家"的确是"本有的""通家"：因为"豪"始终追随着它的主人。①

由此可见，"豪"的力量就在于它构成了一种实实在在的置入（prise）：受赠者收到礼物的同时也被置入一种有着固定方向的流动之中，而这迫使受赠者在以后的日子里回礼。因此，互惠性就是一种灵魂性质的让予（aliénation），被送出的事物本身所带有的

---

* "通家"涉及的是波利尼西亚的萨摩亚人（Samoa）的契约性赠礼制度。"通家"指的是女方财产（bien féminin/utérin），是由女子带到新组建的家庭中的财产，亦即已婚妇女可以自由处理的永久性财产，也包括女孩子在结婚时得到的饰物和护身符。关于"通家"观念的讨论可参考莫斯的《礼物》第一章"用于交换的礼物与回礼的义务"。——译者

① 《社会学与人类学》，第159页。（译文引自《礼物》，汲喆译，商务印书馆2016年版，第18页。——译者）

灵魂要回家，要回到它诞生的地方。于是，通过毛利人的这种泛灵论信仰，一下子就形成了一种结构，通过这种结构，礼物得以以规范化的交易形式进行分配，而其中所暗含的财富的流通也正说明礼物现象是一种一般经济行为。

但是，我们还需要辨明这里所说的经济是何种经济类型。这种经济涉及的并非本身不被区别的、中性的、在参与交易的社会主体之外流动的财产；相反，它们是业已被这些主体以及他们的行为赋予了价值的物品。一件物品，既然被送出，既然被赠给某一个人，它就不再单单是一件物品了，因为被打上了社会的印记，被附加上一种社会含义，这是一种权力的表达：赠礼者通过并借由该物品对受礼者拥有了权力。从另一点来看，政治经济学的原则又一次被深深质疑了，这一次被质疑的是财富或者经济物这类概念所占的分量是否合理。在这一议题上，我们不得不联想到马克思在《资本论》第一卷第一部分"商品与货币"中提出的"商品拜物教"的命题，以及经由这一命题而产生的价值理论。如果我们考虑到以下这一点，这种相近关系就更为明显了：莫斯在研究毛利法律的同时，也在试着检视货币这一概念的由来，他认为，购买力和魔力之间有一种本质的联系，并且，为了解释本位货币（valeur étalon）在一切交易中的媒介位置，他给象征性价值和威望赋予了中心地位。①

《礼物》一书通过研究毛利社会的事实，以及这些事实在其他相距极远的社会系统中的存在佐证，将交换物的独特的价值化这

---

① 《货币概念的起源》（Origines de la notion de monnaie），1914，收入《作品集》卷二，第106页及后页。

第一章 礼物，在强制与自由之间

一观念以一种激进的表述方式呈现出来：礼物制度本身生产出一种不区分，即不动之物与生物之间的不区分，物与人之间的不区分，身体与灵魂之间的不区分。既然给"通家"赋予灵魂的"豪"是给予者主体的流溢，而给与者主体的灵魂在一定意义上在被给予之物中得到了永生，所以就标志了一种自身所独有的力量，能够最终强迫收礼者还礼。也就是说，"法律关联，亦即由事物形成的关联，乃是灵魂的关联，因为事物本身即有灵魂，而且出自灵魂。由是观之，馈赠某物给某人，即是呈现某种自我"①。按照这一观点，建筑在送礼和还礼的基础之上的交换制度表现为一种同时混合了一切物和一切灵魂的普遍循环：物与灵魂轮流作用于对方，互相拼合形成了一个同一的运动，而它们就随着这一运动而流动。给，就是把自己给出去，而正是因为给出去的是自己，所以礼物才蕴含着互惠性，因为是要归还的，"还给他人的东西，事实上是那个人本性与本质的一部分"②。在这里我们就能看到，如何能够把礼物看作一个总体性的事实：借助礼物现象所呈现出来的一种崭新的视角，社会现实被理解为一种动态的整体，在其间流动的不仅有人，还有物，尤其是借由物而流动的人，以及"混融"的人与物。

因此我们就能理解，毛利人的"豪"之所以能够成为《礼物》的一项主要论证，是因为它尤其昭著地揭示了我们在其他

---

① 《社会学与人类学》，第160—161页。（译文引自《礼物》，汲喆译，商务印书馆2016年版，第19页。——译者）
② 同上书，第161页。（译文引自《礼物》，汲喆译，商务印书馆2016年版，第19页。——译者）

地方无法如此清楚看到的关于礼物交换的一个方面。对萨林斯来说，"豪"甚至是全书的"主概念"（idée maîtresse），因为"豪"呈现了"美拉尼西亚、波利尼西亚和整个太平洋西北岸的互惠性的原型，罗马人的"交付"（traditio）*背后的强制性力量，解开印度的牲畜赠予之谜的钥匙"①。但是，按照礼物这样一种在呈献中展现出来的社会决定论的独特方式来看，仅靠被送出之物的"豪"的概念不足以形成一种普遍意义上的解释。也就是说，既然礼物的全部可以被归结于一个作为给予者的个人或集体施加于个体或者集体受赠者的力，我们就不得不承认，它就是交换本身的理由。更何况它还是一种单方面的权力关系——当然，这种权力关系是可以颠倒过来的，因为通过礼物交换，受赠者能够成为赠予者，赠予者也能成为受赠者。但是，这样的交换所遵循的规则根本不是内生于赠予过程，而是在其外部成形，是一种事先定好的原则，而赠予不过是其次级的应用而已。换句话说，如果说确实有所谓互惠性，那么，"被送出之物的灵魂"所产生的唯一的回礼义务并不能为送礼本身提供理由。比如，我们就不能理解，礼物一旦送出，又收到回礼之

---

* traditio 一词涉及的是物权概念，指的是财物所有权的转让方式主要是让与。罗马法古典时期，traditio 是转让非主要生产生活资料所有权的最常见方式。——译者

① 参考马歇尔·萨林斯，《石器时代经济学》，第 200 页及后页。整整一章中，萨林斯多方参照了列维-斯特劳斯（参看他为莫斯作品所写的导论，收入《社会学与人类学》，第 38 页［中文译本参见《社会学与人类学》，佘碧平译，上海译文出版社 2003 年版，导论第 19 页。——译者］），弗思（Firth）和约翰森（Johansen）的阐释，在民族志的层面上重新审视"豪"的概念。

后，交换的过程仍然没有完全终止。

礼物的三元结构：总体性社会事实的首要进路

因此，《礼物》一书意欲论述的正是关于"义务的普遍理论"①，而直到目前，关于这一点的研究仍然非常片面。回礼的义务，作为在一个既定的社会群体中进行的礼物交换中立即显现的强制，其意义只有在考虑到其他两重义务以后才能够真正地实现。这两重义务就是赠予的义务和接受的义务，它们与回礼的义务相互支撑，并对后者的有效性进行了限定。馈赠远非一个简单、单义、均质的行为，而是一个三元的过程，其运作过程是由赠予、接受和归还三个不同的面向共同维持的。

> 为了充分理解全面呈献制度暨夸富宴制度，我们还要阐明另外两个补充环节。因为，总体的呈献不仅包含了回礼的义务，而且还意味着另外两个同样重要的义务：送礼的义务和收礼的义务。我们相信，关于上述三重义务的复合论题的完整理论，能够为波利尼西亚诸氏族间的这类契约提供彻底圆满的解释。②

这三重义务能且只能共同起作用，它们凝聚成一种复合体，

---

① 《社会学与人类学》，第160页。
② 同上书，第161页。（译文引自《礼物》，汲喆译，商务印书馆2016年版，第19—20页。——译者）

并在其中才具有可操作性。因此，馈赠是一个严格意义上的结构，也就是说，三个面向中的任何一个都仅仅是在与其他两个面向的关系中才获得了其实在，因为其他的两个面向，才让它在某种意义上被重新触发。既然礼物召唤回礼，那么就还需要解释首先被送出去的礼物是如何启动的——马林诺夫斯基以特罗布里恩（Trobriand）岛屿上的印第安人为例，将这种礼物称为"开礼"（opening gift）——并需要定义它所要求的义务类型。的确，按照这种观点，"我们赠予，就是把自己送出去；而我们之所以把自己送出去，那是因为我们亏欠了别人，不仅亏欠了自我也亏欠了物"[①]这一想法也就很清楚了。因此，赠予者自己，作为送出礼物的人，也是有亏欠要偿还的，而到目前为止，我们一直以为亏欠只属于受赠者。至于后者，作为收到礼物的人，从此便具有了"赠予者所拥有的物的部分所有权"[②]，这强制对方去送礼，相应地，他也得收礼，然后回礼。简而言之，这三种义务是互不可分的，它们形成了一套系统，应用之处和强制之源根据我们思考的视角的不同而千差万别。

在这些前提下，以下这一点就很清楚了：个人在礼物制度中受到的强制，并不是那种对一项规章或者一些事先定好的规则的服从，个人负有义务只是因为他进入一个循环周期——就像我们进入一场舞会——在其中找到位置，并裹挟在使其运动起来的潮流当中。通过礼物进行的交换的周期性，以及强加于人的义务的对称性，马林诺夫斯基在对库拉圈（Kula ring）的研究中都已经

[①] 《社会学与人类学》，第227页。
[②] 同上书，第163页。

着重提出过了。他尽可能忠实地描写特罗布里恩人进行的交换类型的主导精神。莫斯指出:"所有这些部落,所有这些沿海远航、珍宝奇物、日用杂品、事物宴庆、有关仪式或性的各种服务、男人女人等等,才被纳入到一个循环之中,并且围绕着这个循环在时间和空间上规则地运动。"① 无论是个人,还是被当作整体来看待的部落,都整合到一个循环的交换系统之中,该系统同时视其为强制的和被强制的,并因此作为一股连绵不断的力的流,以对称而自相矛盾的法律和责任给交换者赋予不同的身份,但是从未停止它的影响。然而,这一如此矛盾的假设,这一集合了多种对立元素的假设,在不断更新的礼物制度的持续性中才可能成立。实际上,就像我们看到的那样,人与物相互交叠,互为延续,并最终进入了一场象征性的产生了社会纽带的舞会:这一社会纽带,即使实际上是经济交易和经济关系,仍然被认为是"某种程度上被视为灵魂的物与某种程度上被当作物的个人和集体之间的精神性连接的混合"②。在这种呈献类型中,财产权就立即被处理为一个巫术意义上的附体,如此,关于人的置入和关于物的置入之间的边界失去了所有的意义。

现在,我们能够给那些牵涉进相互性义务这一复杂系统里的社会关系下一个专门的定义了。经由被交换物,纽带在被交换物当中形成。这些纽带并不在外部流转,比如在个人或者部落的表

---

① 《社会学与人类学》,第176页。(译文引自《礼物》,汲喆译,商务印书馆2016年版,第34页。——译者)也可参看马林诺夫斯基在法文版《西太平洋的航海者》(1963)中的描写,第152页。

② 同上书,163页。

面,而是渗透进个人或者部落,在他们中弥散,让他们参与到一个共同的生活中来。通过馈赠,我们把自己本质的一部分送出去了,并且由于送出的是自己,才导致了强制和回礼的义务;反过来说,我们送礼因为我们有所亏欠,因为他人一直对自身有一种所有权;最后,我们不能拒绝收礼,否则就是宣战、就是撕毁盟约;这些都是因为社会生活就是彻彻底底的共同生活,每个人都须参与到他人的生活之中,以收到的物、馈赠的物和归还的物的形式与他人共存。在这种共同的生活中,礼物就能够使我们听见社会的鼓点尤其清脆的声响,至少在民族学家所研究的社会中是这样的。而这就与交换的节奏,与交换在时空中强度的变化,与这种变化的规律性完全合拍。因此,我们就具有了一种社会形态学的研究视角,研究群体整体的缩小或扩张,而这些群体规模的具体调整取决于财产、服务、节日、妇女和儿童的流通范围。自1905年起,莫斯就致力于这项研究。通过对爱斯基摩社会的研究,莫斯清晰地分辨出两种对立却互补的生活形式:夏天的时候,人们分散居住,"道德上很贫乏";冬天的时候则呈现出一种令人瞩目的聚居和一种长期的集体欢腾和激动的状态。①

根据这一解读,我们尤其注意到为礼物现象所赋予的既普遍又具体的视角。之所以是"普遍的",是因为通过揭示礼物交换的特性,我们才能看到这一系列灵魂上的连结,作为一种由荣誉感和社会等级所驱动的社会竞争的标识,远远超出了通常所认为的纯粹的经济关系。对莫斯而言,礼物所具有的"混合"

---

① 参看《论爱斯基摩社会的季节变换》(Essai sur les variations saisonnières des sociétés eskimos)(1904—1905),收入《社会学与人类学》,第470页。

（mélange）——沿用他在《礼物》一书中经常使用的词语——有着很大的便利，它能让我们从社会性本身去理解社会性，而不只是以社会性的部分表象或者孤立表象去理解它。

当然，"混合"一词，就其形式和内容而言，仍然是含混不清的，这就需要对其进行多重解释，或者至少还需要就莫斯给其赋予的意义方面进行澄清。但是从现在开始，我们有必要强调礼物现象可以被认为是一种总体性社会事实，因其指出了一个社会能够在其组成部分的个体或者次级群体之间织就的全部关系的连结点。言简意赅地说，正是在礼物当中，我们可以看到社会性的最本质的结构，而这就是莫斯这位社会学家-考古学家所预先确定的研究对象。莫斯在波利尼西亚、美拉尼西亚和北美洲的古式社会里发现，并以纯粹的形式和清晰的状态呈现出来的结构，应当被视为一种"本原"（archè），一种同样适用于我们所谓的"发达"社会的法律和道德层面的原则，不仅如此，这一原则也适用于这些社会本身的运转。比如，物与人的分离看上去几乎是与生俱来的，并如此恰如其分地定义了我们的智慧。然而我们发现，一方面，这种分离是相对晚近才出现的历史现象，另一方面在我们的文化当中也惊奇地发现了不和谐之处和越轨之处。这一点我们以后还会详细谈到。就是在这层意义上，礼物的社会事实指向了一种莫斯称之为"永恒"的道德：

> 这道德是永恒的，它同时存在于最发达的社会、不远的将来的社会以及我们所能想象得到的最落后的社会之中。我们触碰到了基石。我们不再谈及法律方面，我们谈论人和群

体，因为，仍然在起作用的并曾经在各种社会里起作用的，正是人和群体，正是社会，正是有灵魂有肉有骨头的人的情感。①

关于社会性的恒久结构因而就显露了出来。但是，我们可以看到，"如果我们触碰到了（社会的）基石"，那主要是因为诸如礼物此类的现象揭示的是具体的人的具体行为，而不是一整套被抽象决定了的法律或者道德的规则。整个社会关系在其中并不表现为一种稳定不变的状态，而是处于不断的变动之中，就像持续绵延的交易流，在其内在动力的推动下，在一个永恒变动的世界中分配着人与物。如此，我们就明白了，社会事实远不是一种抽象的、脱离现实的普遍性，而是源自对群体之为群体所呈现的共同经验所构成的现实的描述。通过一条独特的曲径，如果将社会群体作为整体来考虑来进行生动的表述，整全性（complet）就等于具体性（concret）。这种表达是对社会呈献的统一系统的表述，涉及主体对自己的外在表达，不仅基于自己与他人的关系，也基于与自己所处的社会所形成的关系。这一点，莫斯以一句话简明扼要地点出，"具体而完整的事实，就是所有，就是肉体与灵魂"②。实际上，我们看到，混融着灵魂与肉体的流通，精神层面与物质层面的交织——这不仅是礼物制度的基础，也可能是普遍意义上的经济制度及其某些至今仍然适用的表征的基础——使我们能够把握一个既定社会的独特脉息，并在其他地理区域以及其他

---

① 《社会学与人类学》，第264页。
② 《作品集》卷三，第212页。

历史阶段进行同样的听诊。因此，整全性能且只能以循环流动这一高度具体化的形式重构出来，并在其中获得具体形态。

> 它们是"总体"，是我们所试图描述其功能的各种社会体系的全部。我们是在动态或者生理学的状态中考察这些社会的。我们并没有把它们当作固化的、静态的或者说是僵尸般的社会来研究，更没有把它们分裂或肢解成法律规则、神话、价值和价格来研究。只有通盘考虑整体，我们才有可能体会其本质、其总体的运动、其活生生的面相，才有可能把握住社会与人对其自身、对其面对他者的情境生成感性意识的那一生动瞬间。通过对社会生活的这种具体观察，将会找到一些新鲜的事实，而我们不过刚刚有了一点模糊的认识而已。依我之见，这种研究社会事实的方式不仅是我们最为急需的，同时也是最有前途的。①

上述所引段落截取自《礼物》一书的结论部分，该段落之所以著名，一方面在于其所表现出来的直觉，另一方面则因为这一直觉所展现的纲领性视角。自此之后，社会学者需要研究的社会事实就是礼物现象让人有能力解释的那一类事实。通过在一种凝练的状态中所表现出来的系统性，这些事实在其自身之上构建出了一种对社会整全性的完整表达，社会事实不仅嵌入其中，还维持着独特的运转方式。然而，如果按照这种观点，社会就再也不

---

① 《社会学与人类学》，第275—276页。（译文引自《礼物》，汲喆译，商务印书馆2016年版，第129—130页。——译者）

能被拆解为可以分别进行考察的制度、机构或者价值，因为这些事实从本质上来说就不能与任何形式的拆解共存。如此，这些事实的真相虽然触手可及，但同时又面临转瞬即逝（莫斯则称之为"捉摸不定"）的危险。事实的真相之所以存在，完全是因为社会性完整地存在于这些事实之中，其活生生的面相也因此可以被感知到。

47　　然而，通过礼物制度对群体生活的即时性理解，虽然的确把握了参与到公共生活中的具体的人的行为，却又因为社会被认为是超越其成员之上的存在，而以一种诡异的、比以往更加显著的方式，重新回到社会的霸权这一议题上。莫斯强调道，我们在礼物这一制度中抓住了"社会的短暂瞬间"。确实，在由被不断地慷慨赠予和收到的礼物所构成的普遍交换中，社会的总体性是其唯一的受益者。恒久推动赠礼周期循环的是无法摆脱的亏欠，而这种亏欠，无论对赠予者还是对收礼者而言，其实都是对社会本身及其所代表的具体事物的亏欠。在礼物制度中，并且通过该制度，被视为总体的社会本身按照其特有的节奏自我消耗（因为它是活着的），重新组织，重新获取资源。

　　我们马上可以发现，这种对社会的至上性的定义虽然来源于涂尔干的概念，但是大大背离了它的原意。在由莫斯发展出的研究愿景中——该愿景的精华就在总体性社会事实这一概念当中——作为群体的群体生活从来不脱离其成员的具体生活。正是因为单个的个体在个体间关系当中的存在方式的完完全全的内在性，我们才可能去谈论一个既定社会的鲜活面相。"社会的短暂瞬间"完全可以是"人对其自身和面对他者的情景而生成感性意识的那一生动瞬间"。于是，群体的生活和人的生活就表现了同一个东西，并在一种彻底的、不间断的连续性上展开。也就是说，在这连续性的每一个时间点上，都完整地呈现了社会性总体本身及其独特的运动。

问题的解决办法以及新的视角

在对何谓"总体性社会事实"首次作出了定义之后，鉴于这一定义所带来的方法论上的诸多可能性，我们就可以重新回到最初的问题，即义务性的判定标准。我们可以考察，在这个语境下，在何种意义上我们可以合理地为礼物制度赋予这种义务性。换句话说，主宰了礼物制度，并使之得以被认定为"总体性社会事实"的义务原则，就其系统性特征而言，究竟在此中表现出了一种怎样的决定论模式？

首先很明确的是，这样一种决定论远非那种对某一业已确立的规则的遵从，因此并不具有这类服从所有的广泛且统一的特征。恰恰相反的是，这种决定论本质上是多样态的。作为一种循环式决定论，根据其所处的周期阶段的不同，其作用的方式也不一致，这就使得视被研究主体的独特情况而定的决定论模式也得以被接纳。参加礼物交换的主体被嵌入之前讨论过的义务的三重模式（赠予、接受和回礼）的网络之中，与其说他们是直接地无条件遵从，毋宁说，他们是被引导到一定的位置上，并在我们先前所描述的复合体之中评估他们自身所处的位置。不可否认的是，与他所承继的社会决定论的经典进路相比，莫斯在此揭示的关于社会决定论的这一特殊特征正是他研究进路的最大贡献，也同时展示了他对那些最现代的概念的非凡的洞察力。这一点集中表现在，身处"网状"的义务之中而产生的义务总是取决于主体对自己融入所属的社会环境的主观感受。[①] 自此以后，主观想法所带有的有意的且自愿的特征，就不再被作为个体层面的错觉而被剔除或者弃拒，相反，它完全能够被接纳并整合到社会化的一般过程当中。实际上，这一特征与社会事实的关系，不仅在于它掩饰了社会事实真实的机制，而且也在于它揭示了社会事实根本性的原因。我们在此可以看到，莫斯是如何避免将义务理解为铁板一块、具有普遍性法律概念的：借助礼物这一复杂的制度，我们才能够明白，一种社会性行为之所以是强制性的，并不是出于某一规范的外部性驱使，而是源自一个力量场域的行动，在其中，主体被引导着按着一定的方向去行动，并被鼓励着去限定其行为所展开的空间范围。

如此，我们就能够更好地理解，为什么莫斯在讨论强制的判据时，出乎所有人的预料而尝试用期待（attente）的概念去取而代之：

> 强制、力、权威这类表述，我们在别的地方都已经使用过了，并且这些概念也有它们的价值，但是依我之见，集体性期待（attente collective）这一概念属于我们需要研究的根本性概念。"我期待"，除此之外，我不知道其他的关于法律

[①] 在这里我们自然而然地想到福柯，以及他在《快感的享用》(*Usage des plaisirs*, Gallimard, 1984) 的序言中所谈及的主体化的几种模式。

和经济的生成性概念。这甚至是关于所有集体性行为的定义。它源自神学:上帝会听到我的祈祷——注意,我说的不是应允,而是听到。①

如果说莫斯更倾向于使用期待而不是强制的概念去描述法律和经济所依凭的决定论模式,那是因为期待这一概念是以对未来的贴现(escompte)去考虑主体的倾向,而不是一种在外部权威的驱使下作出的即时的强迫性反应。礼物的流动周期是根据强制的三个主轴——即赠予、接受和回礼的三重责任——来组织的,确切地说,是以一种开放的时间性来展开的:即赠即还的礼物并不是礼物;礼物的制度,乃至其自身的周期性,只有在构成礼物制度的各个环节在时间上相互错开的时候才得以确立。的确,这一拉开的时间性精确地描述了主体所置身的环境,主体也当然地被指定朝着一定的方向行动,但是这些都并不意味着主体的行动本身是能够被预先决定的。个人被"期待着(去如此行动)",最后也这样行动了;然而,其行动的模式、所采取的具体形式以及所造成的结果,仍然是依托在一种偶然性之上的——而这偶然性则正是被个体所嵌入的与强制相关的复杂网络所限定的。在对莫斯的研究进行解读时,布迪厄就提出了礼物循环周期中的社会决定论所具有的宽松的一面:"对礼物的分析,对话语或者挑战的分析,要想真正做到客观,就需要考虑到这样一个事实,那就是,一连串的行动虽然被外部的和事后的因素所决定,但是远非以一

---

① 《作品集》卷二,第117页。亦可以参看莫斯从社会学和心理学的交叉视角出发对期待概念的详尽考察,收入《社会学与人类学》,第306—308页。

种机械的方式循序进行的,而是表现为互惠性的周期循环,允许一种真实的持续不断的创造,并且这一周期完全可以在任何一个环节上被中断。"① 在互惠性周期的每个重大环节之间存在时间的间隔,而这就是社会决定论实现持续不断的创造的场所。这种社会决定论的必要性只能在事后才被感知到。但是,就像《礼物》第一次尝试着去做的那样,如果我们反过来试着从内部去把握变动,进入周期的内部中去,并试着去看到礼物周期在造成了其特有的转向作用的同时,也带来了各种可能性,我们就应该承认那些参与到礼物流动中的人,那些赠予、接收或者回礼的主体,是有一定的自由的,而不是完全受制于各种形式的义务,并且,正是以这种自相矛盾的形式,社会行为的复杂的决定论机制才得以发挥作用。

自此以后,礼物就不再像我们刚开始以为的那样,因为是自愿的行为而被认为是非社会性的了,相反,正是由于作用于礼物制度又同时受其强制的自由,礼物才具有了社会事实的真实。更甚的是,礼物还呈现出了富有启发性的概念上的悖论,而这后来成为乔治·康吉莱姆生命哲学的核心议题之一②,我们甚至可以在

---

① 参考布迪厄,《实践感》(*Le sens pratique*),Editions de Minuit,1980,第179页。布迪厄对莫斯的这种解读,为他的"策略"(stratégies)理论提供了非常重要的依据:"重新引入不确定性,就是重新引入时间,包括时间的节奏、导向、不可逆转,以'策略'之辩证法取代模型之机械,同时又不会落入有关'理性行动者'理论的想象人类学之中"(同上书,第170页)。

② 关于这一点,可以参看康吉莱姆(Georges Canguilhem)的两篇文章:《规范与均值》(Normes et moyenne)——主要讨论的是哈布瓦赫关于社会统计在规范的决定作用中的一些相关性假设——和《从社会性到生命性》(*Du social au vital*),收入《正常与病态》(*Le normal et le pathologique*),PUF,1966。

第一章 礼物,在强制与自由之间

福柯的作品中读到这一影响留下的痕迹:一种在自身行动的过程中持续将自身产生出来,在行动中自我创造的规范性。然而在莫斯那里,规范性这一进路是完全附属于总体性社会事实这一原创性概念的。这一概念是具有系统性的,并且它让我们意识到这样一个事实,即个体所处的位置的相互区别才是造成服从的真实机制。通过这两点,总体性社会事实这个概念就使得我们在礼物现象中看到的被视作挑战的一些具体事实变得清晰易懂——使得社会强制表现为自由行动和无偿行为的这种谎言或者否认,同时也是社会强制所具有的唯一真实性。

第二章
从个体性到集体性

关于描述的吊诡

52 礼物通常被认为是对渴求被认可的欲望的最常见的表达,即便如此,礼物也没有因此而不再是一种个体性的行为。虽然礼物理应是一种古式契约,但是它在本质上仍然不同于契约,原因在于通过馈赠行为本身,个体独立地采取行动,并且这行动更多地是出于个体自己的意愿而非迫于某种法律结构的强加。礼物在暗含了一种主体间关系的同时也否定了这种关系,因此,个体性在成就了礼物的同时,礼物也就与个体性牢牢捆绑在了一起,如此,将其作为一种社会性的事实而进行的客观化操作,即使没有受到阻碍,那至少也遇到了相当大的干扰。我们在阅读《礼物》时,一直不断地遇到个体性这一维度:诚然,它只是对礼物现象的独立自主这一维度的表达,但这一表达如此地具有建设性,以至于随后的研究完全不再满足于其仅以隐晦的方式存在。只要礼物这个社会学客体所具有的独特特征能够对自由性与必然性如何相互

第二章　从个体性到集体性

连结以及如何彼此对立的方式提出新的疑问，我们就能去研究一直存在于个体性和社会性之间的异质性，并在不可调和的、非此即彼的形式之外去寻找其他的理解方式。

当然，乍看起来，礼物所具有的个体性维度并没有什么特殊之处。的确，我们得承认，社会学家只能研究一个个个体的行为，可是即便如此，透过这些行为的多样性，莫斯仍试图从中提炼出一种统一的、相对稳定的类型，并据此揭示其中的社会一致性，而那些将具体的个体孤立地考察时所展现的差异就因而变得可以忽略不计了。还是以前文已经仔细讨论过的涂尔干的研究为例，这个研究与人们的常识多么地相悖啊：到底还有什么行为比自杀行为更为个人呢？还有什么表象比退回到个体本身、困在对自己生命的思考中和结束生命的决定中更为显而易见呢？然而，对涂尔干而言，"自杀是一种仅仅影响了个体的个人行为"这一说法并不是说自杀行为只取决于个体性的因素。更为确切地说，我们不应该再把自杀现象看作是多个个体现象的集合，而应该在自杀现象本身中看到在既定的时间和既定的空间里造成自杀的总体事实。只要这样做，我们就能看到"一种全新的、自成一类的事实，同时具有统一性和个体性，这也就是其本质"，并更好地理解"这一本质是极具社会性的"。[①]

但是在这一点上，这一做法还是遇到了显著的难题，这主要是由于它只能通过对一切个体层面的因素的逐渐淡化——如果不是使之彻底消失的话——而实现。换言之，涂尔干用一种自相矛

---

① 涂尔干，《自杀论》(1986)，第8页。

盾的办法来进行他的分析：他以个体为出发点，而同时又是反个体的：前者指的是研究对象只是一个个行为的具体集合，而后者的意思是要挑战并最终走出这种对研究对象的个体化。关于这一两难的困境，《自杀论》给出了一个相当确切的表述。在书的开篇，涂尔干在进行预先的批判性检视时就排除了社会之外的因素对自杀现象的解释效力，不管它是器质-心理性的，还是生理性的。无论是个体自身以为的原因，还是致力于理解个体性本身的心理学家所揭露出来的原因，它们之所以有意义，只不过是一种作为颇具社会性的自杀潮流在流动中碰到的、在个体层面上实现的具体场合而已：

> 因此，人们用来解释自杀的理由，或者自杀者本人用来解释他的行为的原因，往往只是自杀的表面原因。这些原因不仅只是对一种普遍状态的种种个体性的反应，而且是非常不忠实地表现了这种普遍状态，因为这些原因都是相同的，而这种普遍状态却完全是另一回事。可以说，这些原因标志着个人的弱点，而外部的促使个人去自杀的那股潮流最容易通过这些弱点影响他。但是这些原因却并非这种潮流本身的组成部分，所以就不可能帮助我们理解这种潮流。①

---

① 涂尔干，《自杀论》（1986），第147页。（译文引自《自杀论》，冯韵文译，商务印书馆2001年版，第143页，有修改。——译者）关于涂尔干的这本书，我们可以用哈布瓦赫的书《自杀的致因》来作一下对照：这本书并没有以"对精神病学的假设进行审视"为出发点，反而以此为抵达之处。这是因为——我们稍后将会谈到，莫斯也是如此——这本书不是为了无效化个体心理学提出的种种假设，而是按照一种仍然是正统意义上的社会学视角去正视这些假设。

第二章 从个体性到集体性

因此，就需要使用一种社会性的解释去取代自杀者本人给出的解释，这样的取代是根本性的，因为既然要研究的真实在本质上截然不同，那么也就需要杜绝对各种不同类别的任何混淆。在这一点上，很明显的是，《礼物》一书的主要特点之一就是不会系统性地拒绝心理学层面的视角——而可能正是由于这一点，《礼物》才毫无疑问地成为一部特别不寻常的社会学著作。在研究开篇，我们就会惊奇地读到关于某种法律的运作的一些非常宽泛的分析，同时还有一些可以被认为是"主观主义"的想法；有时候，这些想法依据的是按照某种律法生活着的个体的见闻，并尽其所能地传达律法的精神。

但是，这样就可以把这些想法称为心理学吗？实际上，我们需要特别考虑到这一点，即出于这样一种"用本地的味道和颜色"来重建事实的坚定意愿，莫斯在他的研究中花了很大的篇幅来描述形形色色的表象——而事实正是通过这些表象而表现出来。就这点而言，莫斯对描述而非直接的解释更感兴趣，他也确信，详尽完备的描述是进行恰当的解释的首要前提。这里所讨论的问题，与其说是心理学式的研究方法对社会学的不良影响，毋宁说是在讨论民族志在社会学中新近扮演的角色。凭借详细的研究，凭借其所带来的沉浸的过程，民族志将事实置于其全部的复杂性之中去考察，而这是达到对事实的内在理解的唯一方法。

莫斯就是这么做的。就像我们之前看到的那样，为了理解作为赠予物所具权力的"豪"，他把自己的分析完完全全地让位给了贝斯特（R. Elsdon Best）所记录的一位毛利报道人的见闻。①的确，去解释对荣誉的表象是以何种暴力的形式表现在波利尼西亚、美拉尼西亚以及美洲西北部的礼物交换中，这一点对莫斯而言，就是重新去"测量刺激人们的动机的重要性"②，因此也就是去倾听人们对自己本身、对他们的社会以及其运转方式的看法。这种倾听也不失为一种批判性的考察：在《礼物》中，我们可以看到作者对"玛纳"(mana)这一概念所做的实实在在的语义学上的研究，而这在1902年发表的《巫术的一般理论》中已初见其轮廓。通过对这一术语的不同用法的研究，莫斯尝试着从中辨识出词义的统一性："波利尼西亚的"玛纳"本身不仅仅象征了每个个体的巫术力量，而且还象征了个体的荣誉，对这个词最好的翻译就是：权威，财富③。"这一辨识就使得将"玛纳"与古罗马法中的 auctoritas* 一词进行比较成为可能，不仅如此，它还有助于理解 auctoritas 在 nexum**（后来的合同即脱胎于这种法律关

---

① 从严格意义上的民族志的观点来说，这一点已经被很多次批评过。参看弗思和约翰森的批判，这一点后来被萨林斯重新提起（马歇尔·萨林斯，《石器时代经济学》，第205页及后页）。

② 《社会学与人类学》，第203页。（参见《礼物》，汲喆译，商务印书馆2016年版，第60页。——译者）

③ 同上。对该术语的更加详尽的分析，请参考《巫术的一般理论》(Esquisse d'une théorie générale de la magie, 1902)，收入《社会学与人类学》，第101页及后页。

* *Auctoritas* 是拉丁语，英语 authority 就来源于这个词。在古罗马，*auctoritas* 一词指的是一个人在罗马社会中所享有的普遍声望，因而包括一个人的（政治）影响、影响力，以及为了实现其意志而凝聚支持的能力。需要注意的是，*auctoritas* 不仅仅只是政治方面的，它的内容是很丰富的，并且还象征了罗马英雄人物神秘的"指挥力"。——译者

** 莫斯在《礼物》第三章中对 *nexum* 这个古代法律术语进行了详细的讨论（参看《礼物》，汲喆译，商务印书馆2016年版，第84页及后页）。——译者

系）的确立中所发挥的作用。①

至于北美地区的夸富宴，莫斯也使用了同样方式的描述。很明显地，莫斯试图借此去赋予个体本身所经历的经验和实际引导了个体行动的精神以重要性：

> 夸扣特尔和海达的贵族们所抱有的"面子"（face）观念，简直跟中国的文人或者士大夫的观点一模一样。据传说，有一个伟大的酋长因为没有举办夸富宴，就被说成是有"一张烂掉的面具"。这个表述甚至比中国的还准确。因为，在美洲西北地区，丢掉声望就是丢掉灵魂：而丢掉的也确实是"面子/面具"，是舞蹈中的面具，是神灵附身、佩戴纹章以及图腾的特权，因此，就像我们因为战争失利或者一个仪式性的错误而失掉面子，我们在夸富宴的礼物游戏中输掉的赌注确实是 persona（面具）。②

然而，从纯粹的社会学方法论的角度来说，我们会很容易地承认，这样一种坚决的描述性的立场是有危险性的。相对于抽象的且不恰当的外在解释，选择对人们的具体生活——表现为人们的话语和行为——进行尽可能详尽的描述也是有风险的，分析有可能会变成记述或者专著，这两者当然是有益处的，但是也具有双重的欺骗性：一方面，由于观察方式的局限，所记录的事实是

---

① 参看《社会学与人类学》，第 203 页，注释③。（译文引自《礼物》，汲喆译，商务印书馆 2016 年版，第 60 页脚注③。——译者）
② 《社会学与人类学》，第 206 页。

非常不寻常的；另一方面，由于非常主观的表述方式，记述与专著极有可能将本应去理解的社会行为的真正意义给神秘化了。关于这一点，列维-斯特劳斯在《莫斯著作导论》——《社会学与人类学》文集开篇的文章——中就强调过了。他认为，相较于提出关于某种真实的真正理论而言，莫斯经常过于偏向"当地人理论的图景"。退一步说，考虑到他过于强调当地人话语，以及他想看到其所承载的客观性，列维-斯特劳斯指出的这一点昭示了莫斯在自"当地人理论"中提炼出真正理论之时感到了困难。莫斯对毛利人对"豪"的诠释给予了充分的信任，而这一点正是上述问题备受质疑的地方，毕竟，"豪"只不过是美拉尼西亚人对清晰地表现在他们的礼物交换之中的互惠性现象的理解而已。对此，列维-斯特劳斯这么写道：

> 这不是原因，因为毛利人的智者最早提出了某些问题，并以极为有趣的方式解决了这些问题，但是他们的诠释是非常不令人满意的，很难让人接受。豪并不是交换背后的理由：豪是一个既定社会中的人们在面对社会中一个极其重要的问题时，对一种无意识的必然性的理解所表现出来的有意识的形式，其实，真正的原因在别的地方。①

总而言之，莫斯的失误就在于出于对当地人解释的盲信而任由其神秘化，当然，这种信任有其益处，它大量呈现了关于礼物

---

① 《莫斯著作导论》，收入《社会学与人类学》，第 xxxix 页。

偿还的主观理由；因为这个原因，莫斯就止步于对社会过程的经验性呈现，而没有把分析进一步推进到有可能真正地去解释社会过程运作方式的深层真实。在这种情况下，社会学确实走上了一条危险的道路：将社会真实简单地化约为人们自己得出的概念，这样做的话，社会学就必然得出一个空洞而无意义的概念，所依凭的是一种将会消解于"冗长累赘的现象学、假天真的大杂烩"之中的民族志知识，"而本地人思想中显而易见的含混之处就只不过是为了遮掩民族志学者想法极为明显的混乱而已"①。

实际上，对民族志的这种谴责趋势揭露了一个难题，该难题与我们通常称为的"具体描述悖论"有关。一方面，具体就是社会学家想要去描述的；另一方面，具体性同时也给描述本应达成的任何解释性维度设置了障碍。如果，就像莫斯声称的那样，把握"社会的短暂瞬间"等同于把握"人对其自身和面对他者的情景生成感性意识的那一生动瞬间"，那么对这种感性意识的非常个人性的描述，是否会反过来阻碍我们形成任何纯粹社会学意义上的认知呢？

在这个意义上，毋庸置疑的是，围绕着民族志的讨论只不过重新引起了我们在上文提到的由来已久的根本性辩论。于是，在民族志这一认识论阵地当中，我们又一次看到理性地去梳理和衔接两类表象是如此之困难——一边是社会性表象，一边是个体意识形成的各种表象。在这个意义上，我们就可以认为《礼物》的发表标志了法国社会科学历史上的一个重要时刻：（发

---

① 《莫斯著作导论》，收入《社会学与人类学》，第 xlvi 页。

生了）一次前所未有的转向。从此，正是在民族志和民族学新开垦出来的田野中，心理学和社会学之间的传统较量，围绕着各自的学术贡献和二者之间可能维系的关系，以一种重要的方式继续进行着。

心理学与社会学

　　为了重建在这个转向的过程中，那些潜移默化地形塑了《礼物》一书的争辩主题，就有必要简要地描述一下该辩论在法国社会学史中的若干重大发展阶段。在研究这个问题的过程中，我们研究的是理论和与之相关的科学实践之间存在的法国社会学特有的一种张力。自从社会学这个名词确立伊始——甚至有可能在这个词出现之前，当我们还在说"社会物理学"（physique sociale）的时候——就如我们所了解的那样，心理学和社会学之间与其说是心平气和的合作关系，毋宁说是较量和冲突的关系。我们首先想到孔德是如何从《实证哲学教程》的第一课开始，就把矛头对准了由曼恩·德·比朗（Maine de Biran）所创立的、后来又被唯灵论所采用的内省法（méthode introspective），指责建立在"内在观察"（observation intérieure）之上的心理学。孔德认为，通过一种"无法抗拒的必然性"，人的精神（esprit）能够直接观察除了自身精神以外的所有现象。而以精神对精神进行的直接观察，考虑到被观察的机体和观察的机体同属一体，因此在原则上就无效了，以至于"真正的学者，致力于实证研究的人们，仍然徒劳地要求心理学家举出哪怕一件用这一夸夸其谈的方法所发现的真实"①。这一谴责是致命性的:通过干脆利落地撤销心理学对其研究对象进行界定的可能性,它从根本上无效化了作为一门科学的心理学。与此同时,如果想建立对人类精神的真正研究,就应当依靠认识论学家和社会学家,因为人的精神只能以其在自然科学和社会生活中所表现出来的外在化且具体化的形式才能被真正地观察到。

跟孔德的这一控诉不同,刚开始,涂尔干看起来是要去尽力缓和社会学和心理学的关系的。当时,心理学已经作为一门真正的科学被广泛地认可,并拥有一个隶属于本学科的客观研究领域。对心理学的认可与生理心理学(psycho-physiologie)的蓬勃发展密切相关,这一学科由冯特(Wilhelm Wundt)和费希纳(Gustav Fechner)创立,并在里博(Théodule Ribot)的大力推动下在法国得到广泛的传播。在这种情况下,仅以跟孔德一样的用来批评比朗式内省法的方式,已经无法撼动这个学科的科学维度了。

然而,休战仅仅是表面上的。问题的关键不再是釜底抽薪式的根除。考虑到心理学新近确立的实体性,对社会学而言,更急迫的事情是要划清学科界线,分配好各自的角色和合理的学术主张。在这一点上,涂尔干的对策就完全地取决于个体表象和集体表象这两类表象的截然区分。更准确地说,前者是关于个体意识的表象,对此,心理学的研究方式毫无疑问是很合适的,而后者是关于集体意识的表象——它的阐述方式和真实性都是应该去讨论的——这一类表象定义了社会性之所以为社会性,并构成社会

---

① 孔德,《实证哲学教程》(*Cours de philosophie positive*)卷一,Schleicher,1908,第30—31页。

学自身的研究对象。19 世纪末的最后几年,发生在涂尔干和塔尔德(Tarde)之间的那场著名的论辩*,就紧紧围绕着第二类表象即集体表象的特性,以及将其从第一类表象即个体表象中删减或者剔除的不可能性。因为,"呈现出来的个体状态并非因此就是个体性的"①,一个个单独的个体意识能够联结在一起组成一个统一的群体,就应当给这样一种联结的过程赋予一种革新性的功能;同时要承认,总体不是部分之和,总体中存在着更多的、其他的东西,也要承认"通过相互聚集、相互渗透、相互融合,一个个单独的个体精神却产生了一个存在,甚至可以说是一个精神性存在,但它构成了一种全新的精神个体性"②。

然而,当我们着手去定义集体意识这个概念的时候,集体性和个体性的严格对立所赖以维持的抽象就显现出来了。无论是社会事实的外在性——这是其物化(chosification)的必然结果——还是其作为一个独特的精神实体的表象的存在本身,实际上都仍然充满了很多难解之处,看起来只能在社会主体这一拟制(fiction)中找到理论上的支持:按照这一拟制,社会主体即使还没有形成坚固的实体(consistance),至少也具有了自己的、独立于构成它的个人主体之外的意识。根据这一观点,社会现象就只能借助于一种无法消解的二元对立才能够被研究:对两端予以截然的

---

* 在法国当代著名社会学家拉图尔(Bruno Latour)的网站上,资料显示,这个辩论发生在 1903 年,应为 20 世纪初。——译者
① 《社会学方法的准则》(1987),第 12 页。至于塔尔德和涂尔干之间的那场辩论,可以参看涂尔干的《文集》(*Textes*)卷一,Editions de Minuit,1975,第 160—165 页。
② 《社会学方法的准则》(1987),第 103 页。

区分，其中一端对另外一端占支配地位；依据这一超个体力量对"内部社会领域"[①]（milieu social interne）——简而言之，这一说法即使没有重返"社会物理学"的术语，至少也重拾了其精神——造成的改变，我们试图从量上去估计这一力量的效用。但是，这个评估与测量的过程根本不去考量社会性和个体性这两个被人为分离的术语之间的相互渗透，对社会现象的分析也没有给个体意识如何看待自身所产生的社会性意涵留下任何的空间。个体意识被污名化，被简化为一种惰性物，需要集体意识从外部指导它。这就像梅洛-庞蒂所说的那样：

> 按照涂尔干的话来说，这门新的科学想将社会事实"作为物"来研究，而不再是"客观化的观念系统"。可是，一旦社会学这门科学想进一步明确表述，它就只能把社会性定义成"精神性的"。人们称之为"表象"，只是这些表象不是个体性的，而是"集体性的"。这样我们才有了这个被人大量讨论的观点，即将集体意识理解为历史核心的一个独特的存在。集体意识和个体的关系就像两个物体之间的关系那样，是外在的。适用社会学解释的地方，就不适用于心理学的解释，反之亦然。[②]

正是因为这些物体都共有同一个"内容"，还因为这两个领

[①] 《社会学方法的准则》（1987），第 111 页及后页。
[②] 梅洛-庞蒂（Merleau-Ponty），《符号》（*Signes*），Gallimard，1960，第 143—144 页。

域研究的一直都是精神性的和外在表象,因此,以一种抽象的方式划定两个相互独立的领域就是必然的,只有如此,两者在本质上的真正差别才能得以确立。但是,个体性与集体性的分野,远远没有解决社会学为了厘清自己与心理学的关系而提出的关键性问题,它反而导致了一种古怪的混淆:两个领域的学科特征,虽然并没有彻底地消解,但都大大地减弱了。

因此,一边是在具体的经验里去理解社会事实,另一边是一种非个体的意识的表象的存在本身,两者之间只择其一都可能无法提供答案,因此我们不得不去重新质疑关于个体性和集体性两者关系的这种过于机械主义(mécaniste)的概念。① 很清楚的是,在莫斯的作品中,很早就呈现出这样一种理论导向,意在超越社会学所一直依赖的二元对立。自 1901 年开始,在一篇他和福孔内(Paul Fauconnet)为《大百科全书》(*Grande Encyclopédie*)合写的文章中,莫斯就削弱了个体表象和集体表象之间的区别,甚至将其消解为一个持续不间断的统一体。这一转向发生在如此深层的地方,可以说是以几乎不可察觉的方式,在涂尔干式的问题意识当中展开。甚至于乍看上去,涂尔干的术语也得到了忠实的运用:

---

① 在列维-斯特劳斯为古尔维奇(Georges Gurvitch)所编撰的图书(《20世纪的社会学》[*Sociologie au XXᵉ siècle*],PUF,1948)所描绘的法国社会学概貌中,他认为莫斯与涂尔干不同,莫斯是会在社会科学中推行一种"非机械主义"思维模式的人(第 536—537 页)。因此,对他而言,涂尔干这位法国学派的创始人所秉持的"康德主义"并不适用于去辩证地思考个体与集体之间的关系,也不适用于方法论层面超越两者之间的对立。而我们接下来将会讲到莫斯是如何克服这一困难的。

个体意识的事实，以不太直接的方式，呈现出有机躯体的状态，而集体表象则在一定程度上总是呈现出社会群体的状态：它们表露了（或者，借用哲学话语来说，它们象征了）社会群体当时的结构，在面对这样或那样的事件时的反应方式，以及对自己和自身利益的感知。①

如果这些言论到目前为止还完全是涂尔干式的，那么通过对外部话语（准确地说是哲学话语）的借用，我们将会注意到，象征主义（symbolisme）被引介到关于表象的问题意识之中。在此，我们先不过多地阐述莫斯后来提出的独创性地理解社会事实的方式，现在就可以明白地指出，文本接下来的转向在很大程度上是由象征性的维度所决定的：

　　然而，这并不是说在它们（个体表象和集体表象）之间存在着连续性之消解。形成社会的意识可能会组合成新的形式，并从其中产生新的现实。尽管难以置信，然而经过一整套不间断的过渡，个体意识的确可以成为集体表象。我们可以轻易地发现几种中介：比如，当我们历数大规模社会模仿行为、大众运动、集体幻觉的时候，我们就不可觉察地从个体滑向社会。相反的，社会性也能成为个体性。社会性只能存在于个体意识之中，但是每个个体意识只是构成它的一个部分而已。再者，对社会事物的感知也会因感知它的个体意

---

① 《作品集》卷三，第161页。

识状态的不同而改变。①

由此，涂尔干用以确保社会学研究对象之特殊性的本质差别，由于个体性与集体性之间所存在的不间断的渐变就不成立了。这一渐变是一整套连续的过渡，社会学家的任务正是要拆解这些过渡，并应当辨认出其在何种维度当中展开，以便接下来能够理解这些过渡在一个既定的社会总体中的配置所在。自此，社会学解释本身就获取了一个新的面向：用社会学去解释，就不再是将社会事实解释成超越所有意识的存在，作为一种外在的限制，作用于每个单独意识之上。相反，这意味着社会学要去研究将不同意识联结在一起的社会化过程在每一个意识中所引起的效用。用社会学去解释，就像莫斯用他那精确又凝练的方式所说的那样，说到底就是去看"人相信什么和思考什么，以及这样相信和思考的人是谁"②。

涂尔干的解释如此抽象以致于失去特色，并把自己局限在一个由独立的集体意识所界定的领域之中，无法在其具体的行动中展现出社会性。相反，莫斯的想法则是通过让社会学采用这样一种研究进路——该进路并没有在个体独特性的边界之处止步不前，

---

① 《作品集》卷三，第161页。在这一段中，我们会注意到对模仿现象进行的令人惊奇的重新审视。塔尔德以此为其社会理论的原则，而涂尔干则从未停止反驳其中的社会学关联。当然，就此认为莫斯在此绕开了涂尔干而投奔了塔尔德，这样说是不准确的。简单地说就是，莫斯从他老师的社会学概念中形成的转变，让他能够以一种全新的视角去重读塔尔德的作品，并在其中发现几点尚未被察觉的值得研究之处。

② 丹尼斯·帕尔姆（Denise Paulme）在她为《民族志手册》所作的序言中（第5页）引用过这句话。

而是在这些独特性之上发现了其背后的证成（justification）——从而给社会学赋予一个具体的维度。只有当社会事实的方方面面在个体性层面上也纤毫毕现时，它才能被辨识为一种事实并作为事实而被研究。实际上，个体意识的层面也是社会事实能够真正给出其证明的唯一层面。当然，莫斯始终意识到社会性在每个意识中只能以一种片段的形式呈现出来。但是同时他也断言道，每个片段，以它的不完整，向社会学家揭示了一个至关重要的面向，因为正是作为对社会性不完整的实现和独有的变形，片段才对应着一个真实的社会化。所以，只有它才能揭示社会性，不是以规则这一凝固形式，而是作为一个行动着的过程。

因此就有必要彻底地重新表述心理学和社会学之间的关系。在一篇题为《心理学与社会学的实际关系与实践关系》（Rapports réels et pratiques de la psychologie et de la sociologie）的文章中——这是一篇与《礼物》同时发表的奠基性文章——莫斯讨论了这一关系。莫斯以心理学家为对话对象，将他的话语定位在冲突时代的终结上。他宣扬一种新的合作，而两门科学的并行发展无论如何都不再能避免这种合作的出现。"英雄时代"[①]彻底结束了，那时候每个学科通过外部的和内部的批评，为了确立各自的独立性而斗争。自此以后，社会学和心理学——起码是人类的心理学——就很清楚地意识到，它们都共同属于一种关于人的普遍科学，而这里的人不是作为一种抽象体，而是作为一种活生生的存在而被考察，且其独特的行为也应当被置于其各个面向的整体之中来分

---

① 《社会学与人类学》，第284页。

析。因此，这两门科学以一种合理而清晰的方式"注入人类学"①，而两者之间的对抗就此终结。在这个过程中，莫斯在对涂尔干作出的截然二元区分的消解中扮演了一个关键的角色：这一消解并没有在认识论主张上引起新的混淆，相反，它准确地指出了将不同研究进路联结起来的必要性，这些不同进路之间的分水岭如果仍然存在的话，也没有我们所预想的那么大。总而言之，我们在此粗略勾勒出的方法论转向是关乎考察个体事实本身的一种新视角，这一视角虽然源自社会事实，但是能且只能通过社会事实的渐次殊化（singularisation）才能得以实现。在这种情况下，社会学家的研究对象看上去与心理学家的研究对象几乎一致，即便如此，两者还是因为构成模式的不同以及作为被考量的对象所处的关系的不同而得以相互区别开来。此外，面对心理学家的时候，如果莫斯同意将社会学定义为"心理社会学"（sociologie psychologique）②，那也是为了能够立刻强调说，虽然他的观点跟那些在自己学科范围内进行研究的心理学家的看法看起来一致，但是并没有因此就失去其特殊之处。在不使之丧失个体内容物的同时对意识的个体状态进行描述是可能的，而这正是社会学家的工作，也是其唯一的工作。

那么这种描述究竟是什么？看起来，我们到现在也只是以不完美的方式，通常是以否定的形式去定义它。我们知道它为了重新评估集体性和个体性的关系应运而生，因为我们已经无法再用单方面的限制这种机械的形式去研究这二者之间的关系了，现在

---

① 《社会学与人类学》，第 285 页。
② 参见《社会学与人类学》，第 289 页。

这一关系被分解为各种复杂的折射关系，两个相互对立的极端在其中互相合作、互相支持。于是，社会法则所处层面的特殊性对社会法则本身的阐发发挥了决定性的影响，因为社会法则只有当它在由具体的个体实体所构成的层面上现实化时才有意义，而这一现实化必定是多样态且不断变化的。

　　因此，我们可以看到，莫斯所做的方法论上的转向，不是对那些被认为是不可变更的规则的简单应用，而是一直深入到社会事实的定义之关键去研究其效应。于是，我们就格外需要去重新评估涂尔干提出的黄金法则，亦即自始至终要"将社会事实作为物来研究"的主张。对莫斯而言，这一原则虽然有巨大的好处，即给社会科学指定了一个客观的领域，并确保了社会科学是有可能像自然科学那样，发现现象性当中的规律性，但是它也极有可能使社会事实失去亲历真实这一具体的面向，并且消弭其在将其表达出来的意识当中所具有的意义。而《礼物》这一文本所开启的视角，却尝试着在涂尔干式方法的内部重新给社会学调查本身的解释功能增添一种理解的维度。超越个体性与集体性的二元对立，也就是超越另外一个非此即彼的选择：理解和解释，这二者分别对应着关于人的科学和关于自然的科学的研究方法，而这种二者择一自狄尔泰（Wilhelm Dilthey）以来就被轻易地接受了。①

---

　　① 正是在这个方向上，现象学家们对莫斯的作品表现出了持久的兴趣。主要有蒙纳罗特（J. Monnerot）的《社会事实不是物》（*Les faits sociaux ne sont pas des choses*），Gallimard，1946。也可参看梅洛-庞蒂的《符号》；克洛德·勒弗尔（Claude Lefort）的《历史的形式》（*Les formes de l'histoire*），Gallimard，1978，第15—29页；让-弗朗索瓦·利奥塔（J.-F. Lyotard）的《现象学》（*Le phénoménologie*）第二部分，PUF，1986。

在基于一系列抽象的因果关系的纸上谈兵式的客观主义，和将现象作为单个个体的体验来研究的主观理解之间，社会学应该找到一条道路，能够在保证其科学地位的同时，还能尊重其研究对象的独特本质。

"总体性社会事实"的概念就很好地回应了这一需求，而这对于社会学研究步骤的自成一派的地位的确立而言，是不可或缺的。我们可以看到，其内在的深层动机是回到具体。在这种情况下，揭露社会事实所具有的具体性特征，就意味着要重建个体性与集体性互为依托所依赖的中介层面（les termes intermédiaires），并要摆脱抽象概念对社会事实的遮蔽，亦即拒绝考虑个体性对社会事实的渗透，拒绝承认在社会事实之外还有个体的维度——换言之，摆脱此类认为社会学与心理学毫无关系的观念。在《礼物》一书中，我们可以找到关于这一转向的非常明显的表述：就是要明确界定关于人的科学的研究对象，要将其理解为真正意义上人类的研究对象，即一时一地、容易辨识、具体且鲜活的人。

> 历史学家发觉，社会学家作了过分的抽象，对各种社会要素作了过度的划分，他们的反对是恰如其分的。我们也应该像历史学家那样：观察既定的对象。而所谓既定的对象，可以是罗马，是雅典，也可以是普通的法国人，是这个岛屿或那个岛屿上的美拉尼西亚人，但不会是祈祷或者法律本身。在刻意解析与抽象之后，社会学家们应该尽力再把总体重新组合起来。这样他们便能发现丰富的材料，还能找到让心理

学家满意的方法。①

对"既定的对象"的观察和尊重就在综合中得以体现。综合为解释性分析作出总结，同时也为解释性分析提供了根本的意义。② 具体远非是一种天真的经验主义的结果，相反，它是理论提炼的成果：通过对诸如"法律、祈祷本身"这些概念的逐步提取，使得它们宽泛到足以适用于各种个体的行为，同时也能够保证社会性是一种能够被切实体验的真实。在这层意义上，综合性理解这一维度并不是科学性解释的对立面，而是其真正的实现。

然而，对社会事实的界定并未止步于此。渴望具体，渴望接触切实体验，这同时也是另一种意愿，一种兼为其推论的意愿：既然归根结底，社会学真正的研究对象是人，是"平均的法国人"，是"这个岛屿或者那个岛屿上的美拉尼西亚人"，就应该将其视为一种整全的、统一的实体，而不是能够按照某种抽象原则可分割的。事实上，具体只有在整全中才能辨认出来。因此，就不能认为可以从人身上抽象出一种能够直接揭示社会性的纯粹的隔间（compartment），或是一种集体意识的印迹，也不能把个体

---

① 《社会学与人类学》，第276页。（译文引自《礼物》，汲喆译，商务印书馆2016年版，第130页，略有改动。——译者）

② 需要强调莫斯的这一论断在其他人文科学，尤其是历史学科中的反响。作为创刊于1929年的《经济与社会史年鉴》（*Annales d'histoire économique et sociale*）的创始人之一，马克·布洛赫（Marc Bloch）在《为历史学辩护》（*Apologie pour l'histoire*）一书中，提出有必要在分析与综合之间建立一种严密的联系，他还指出这一重组只不过是先前划分的延伸。关于人的科学所共有的这一观点，可以参看梅洛-庞蒂的《意义与非意义》（*Sens et non-sens*），Nagel，1966，第145—162页。

意识视为一种毫无社会学价值的剩余物，其特殊性甚至使其无法成为分析因素。莫斯从根本上拒绝了这种分割的刚性，并给社会学指派了一个新的任务，而这完全体现在"总体性社会事实"这个概念上：将人放入其整全性之中去研究，将其视为一个总体，并去理解这一总体与群体所定义的另一个总体之间的关系。

故此，社会学的人类学转向首先就主要表现为其与心理学之间建立的新关系：在个人精神中，不再存在涂尔干意义上的两个隔间，即严格意义上的个体意识和发挥着作用的集体意识；有且只有一个意识：即便我们研究的是一个独特个体的社会化模式，意识仍然是完整不可分割的，并属于一个单个的个体。莫斯因此需要从事一项既要更为普遍又要更为详细的描写工作：

要描写的对象，每一个瞬间的既定的对象，就是社会性的全体，而构成它的个体本身也是一个个的全体。以一个重要的道德事实为例……以自杀为例，我们需要对此类道德现象中所包含的个案进行历史和数据的分析；还需要考虑到这个或那个自杀行为，发生在哪些人当中，发生在哪个年纪，发生在哪个社会中。这样做，我们研究的几乎就是整全的个体。不仅如此，我们还需要以同样的方式去研究另一个事实，即关于死亡的集体暗示（suggestion collective）——在一些人类群体中，这是一种任由人死去的方法，当这些人被认为是有罪的或者着魔的时候——这不仅能够揭示人的道德性和宗教性，而且也揭示了这个道德性和宗教性与生命本身和死的美学之间的关系。因此，社会学面对的就是生物性的总体。

第二章 从个体性到集体性

无论何时,无论何地,社会学所观察的,不是被分成心理隔间的人,抑或社会学隔间的人,而是整全的人。正是通过上述的对事实的分割方法,我们才能找到真正的、最基本的/最小的元素。①

为了回到具体,也为了找到"真实的、最基本的元素",莫斯就需要尽力去把全体重构成一个个鲜活的实体,重建使之活跃的运动,直到这一运动具体表现为一种精神性体验——这里指的是毛利人表现他们道德性和宗教性的方式,在某些情况下,这一表象所激起的个体动机本身可能导致主体的死亡。②这一精神性体验,在不丢失其个体性的同时,的确是适用于社会学的分析的。心理学的研究领域根本不是社会学家的禁地,而是社会学调查越来越个体化之后能够抵达的地方。然而,如果具体性和整全性构成了社会事实的相互作用的两个维度,那么这一相互性的锚定点却一直是属于心理学的,就像列维-斯特劳斯对莫斯建议的那样,"能证明社会性的证据,本身就只能是精神性的;换句话说,如果

---

① 《作品集》卷三,第 213 页。"整全的人"或者"总体的人"(法语分别为 l'homme tout entier 和 l'homme total)的主题在莫斯的作品中反复出现,特别是当他讨论心理学、生物学和社会学的关系之时(参看《社会学与人类学》第 304—306 页,以及第 369 页)。这一主题被古尔维奇拿来跟马克思的《1844 年经济学哲学手稿》做比较(《社会学如今的天职》[*La vocation actuelle de la sociologie*] 卷二,PUF,1963,第 254—255 页)。

② 参见《关于死亡的集体暗示对个体的生理性影响》(*Effet physique chez l'individu de l'idée de mort suggérée par la collectivité*, 1926),后收入《社会学与人类学》,第 313—330 页。在这个研究主题上,具有参考价值的工作是罗伯特·赫尔兹(Robert Hertz)的研究,他是涂尔干流派的另一代表性人物,著有《关于死亡的表象的研究》(*Etude sur la représentation de la mort*, 1904),后收入《宗教社会学和民俗学》(*Sociologie religieuse et folklore*),PUF,1928。

我们没有办法在个体意识的层面上重现某一项社会制度的作用，我们就永远不能确定是否真正掌握了其意义和功能"[①]。因此，莫斯所推崇的心理学和社会学之间的合作从来就不是将两门学科各自得出的、毫无交集的结论罗列在一起，相反，这种合作最终能够回应它们在各自的学科构成和适用范围方面的问题。

精神分析：新的趋同空间

的确，不论对社会学的天职而言，还是在其与心理学的关系问题上，我们都更为清晰地认识到了"总体性社会事实"的概念化所暗含的方法论意义上的颠覆程度，然而我们仍需要指出这是依据哪些具体的现象而运作的。当然，对莫斯而言，没有任何事实能够像礼物现象那样更好地指明既要具体地又要完整地研究社会事物的必要性了。礼物现象中包含了一套总体呈献的体系，正是这套体系使得整个社会运转起来，并且还让个体牵涉进其存在的全体之中。因此，我们看到，个体与其说是遵从一条严格的规定，毋宁说是被融合进一个以赠予、接受和回礼的三重义务系统为特征的循环之中——在这个融合的过程当中，个体直接与总体的社会取得联系。但是，问题仍然在于要去弄清楚有哪些特有的心理学决定因素牵涉进了这个由礼物现象所实现的社会化的动力之中。为了回答这个问题，只对礼物现象进行分析是不够的。我们必须进一步阐明社会性与个体性相遇的趋同点——无论这个体

[①]《社会学与人类学》，第 xxvi 页。

性是建构在精神层面上还是在生理学的层面上——目前为止我们只是以一种非常理论且抽象的方式指出了其必要性。

在《心理学与社会学的实际关系与实践关系》一文中,莫斯列举了"心理学最近对社会学提供的帮助",并通过那些被心理学家视作学科关键的心理现象,揭示了一种成果斐然的结合多科学视角的方法。在这一点上,对精神病现象的重新重视就显得尤其意味深长:

> 当你们——以及法国神经学家们和德国精神病专家们——用精神病概念取代了固定观念(idée fixe)的概念之时,一个进展就得以实现了。这一概念对我们而言是非常丰富的,我们将密切关注你们的研究工作。这一假设涉及的是整个意识的状态,是其自身有着一种发展、增殖、偏向、增多和分化的力量的状态,也是对整个心理存在的状态的掌握,而这一假设对我们而言应该是共同的。①

关于精神病的假说意味着我们将精神视为一个统一的空间,它被一种赋予了其全部构成形态的力量彻底地渗透。"精神病"还意味着可以将其解读为社会法则的独特的具体化。如果我们不再认为社会性的影响是点状的,只能够在一个限定的图景中被辨识出来,并且其实在和发展仍然依托于一个外在于意识层面的原因,那正是因为对精神病的研究所表现出来的总体性特征——精神病

---

① 《社会学与人类学》,第293页。

是通过自身进行扩散并覆盖到了整个精神领域——除了由其自身动力构成的依凭以外并没有其他的依凭。因此，我们就面临着一个复杂的社会化过程，只有心理学的视角能够给我们提供关于这一过程的详细图景。反言之，只有通过那种总是关注个体的独特历史的心理学现象，社会学意义上的解读才成为可能。

对心理分析的新的兴趣正是在这一背景下表现出来的。而我们知道，当时无论是心理学家还是社会学家都不遗余力地批评其适用范围。弗洛伊德的《图腾与禁忌》（*Totem et tabou*）是一本在民族志范围内被大量讨论的作品。[①] 对莫斯而言，这本书提供了一种可能，即描述一个个体意识是如何全盘地被一种集体情感所影响。个体意识出于其自身的理由而接纳这一集体情感，并给它赋予了一个特定的内容，但是该情感的集体性特征并没有因此而变得无法辨识。更有甚者，个体心理，即使有其独特之处，仍然能够被描述为社会现象的构成性层面，因为正是在个体心理上——而不再是在群体意识的超验性（transcendance）之中——存在着"一种发展和持久的巨大能力"[②]。

如果我们试图将精神分析这一研究心理的方法转化为严格意义上的涂尔干式的术语，这将是徒劳的。涂尔干所使用的无意识概念仍然牢牢地与集体心态（mentalité collective）的观念联系在一

[①] 在《图腾与禁忌》一书中，抛开作为分析依据的民族志资料收集和记录导致的不足不谈，莫斯看到了一种"提纲式著作"的典型特征，以及它对义务现象所赋予的牵强附会式阐释。这一批评一直延续到列维-斯特劳斯：他在《今日图腾崇拜》（*Le totémisme aujourd'hui*，PUF，1962）中还在强调弗洛伊德所做的努力被"进化主义幻象"所主导。

[②] 《社会学与人类学》，第293页。

起，因此，无意识现象无法在个体的层面上被研究，它只能是社会性所具有的超验性的一个标记，这就佐证了社会性行动中的很大一部分都脱离了单个主体的掌控。① 其实，这种社会无意识的概念与其说是接近弗洛伊德的概念，不如说更接近荣格意义上的无意识，即无意识是所有个体意识背后的群体意识的表象所在，而群体意识通过强制的方式作用于每个个体意识。与之相对的，弗洛伊德概念的创新之处就在于它认为无意识遵守一套自身的法则，并不能简单化约为意识的逻辑②，无论无意识是一种个体意识还是其在集体层面上的投射。在这个意义上，这个概念完全契合莫斯的想法，他想要——甚至作为一项心理学工作——超越个体与集体的二元论。我们在弗洛伊德所著的《大众心理学和自我的分析》（*Psychologie des foules et analys du moi*）一书中也能发现同样的意图：该文本以心理分析为武器，试图去无效化社会心理学与个体心理学的传统分野。通过指出群体在"社会驱力"的构成中并没有完全占据决定性的地位，弗洛伊德由此提出了一个假设，认为社会驱力"可能并不是原生性的，也不是不可分解的，其形成的源头可能存在于一个更紧密的圈子之中，比如家庭的圈子"。③*

---

① 涂尔干，《社会学与哲学》，第 31—32 页。
② 参见弗洛伊德的《元心理学》（*Métapsychologie*），Gallimard，«Idées»，1976，第 73 页及后页。
③ 参见弗洛伊德《心理分析论文集》（*Essais de psychanalyse*），Payot，1981，第 124—125 页。至于弗洛伊德的问题意识与法国社会学传统之间的关系，参见 Elisabeth Roudinesco 的《百年战争：法国心理分析的历史》（*La bataille de cent ans; Histoire de la psychanalyse en France*）卷一，Seuil，1986，第 181—221 页。
* 《心理分析论文集》收录了弗洛伊德作品中非常重要的四篇文章：《当前关于战争和死亡的思考》（Considérations actuelles sur la guerre et sur la mort, 1915），

精神分析的观点并没有要求将个体性置于集体性之上，它强调要考虑到社会化的过程，因为它是在无意识的层面上实现的，所以只能在个体精神中得到理解，而不能从中抽象出一系列表象。无意识的概念因此就具有了一项关键的启发式功能：它能够发展出一种对心理实在的灵活理解，同时也暗示了，在不超出纯粹个体的层面的情况下，科学方法也可能会发生一个真正的社会学转向。

列维-斯特劳斯在他对莫斯的评价中特别强调了无意识的这一特有功能及其意义：

> 因此，无意识是自我与他人之间的中介项。在深入探究无意识的所与时，我们并没有沿着自我的方向；我们抵达了一个层面，那个层面对我们而言似乎并不陌生，这不是因为在那里隐藏了最隐秘的自我，而是因为（这更加寻常），无需让我们离开自我，它就可以让那些同时既是我们的、又是他人的活动形式保持一致，这是所有人和所有时代的全部精神生活的条件。①

这就意味着，新的社会学进路虽然停留在个体心理的层面上，停留在结构性地摆脱了我们意识思想的"自我"的层面上，但并

（接上页）《超越唯乐原则》（Au-delà du principe de plaisir, 1920），《大众心理学和自我的分析》（Psychologie des foules et analyse du moi, 1921）和《自我和本我》（Le moi et le ça, 1923）。——译者

① 《莫斯著作导论》，收入《社会学与人类学》，第 xxxi 页。

不会陷入一种无法解释的特殊主义之中,也不会陷入一种"秘密"之中——而我们则是这个秘密的唯一持有者,同时也是唯一利益相关者。实际上,"无意识阶段"是重合之处,也是可能的对比之处:对无意识进行调节并构成其固有的不可化约性的逻辑本身,可以成为解读的对象,目的就在于揭示社会性的内在性——去考察社会性是如何在各种行为之中获得其实在的,而不再依据几个形而上学的实体。换言之,如果精神分析的研究对莫斯式的社会学而言至关重要,那是因为,通过指出社会规范如何在被主体创造的同时与主体融为一体,这些研究因而参与到一种具体人类学(anthropologie concrète)的发展之中。根据这一观点,我们就能理解,集体情感的存在本身及其外观形态仍然依托于其在每个个体精神上的独特铭刻。特殊之处不应该被否定:正因为如此它可以而且应该成为社会学的研究对象。

然而,如果在心理学和社会学之间存在合作的话,这种合作就应该在两个方向上进行。因此,当社会学开始关注精神疾病、本能、精神的象征性活动,以及精神衰弱和神经衰弱等现象时[1],莫斯完全没有止步于考察心理学对社会学提供的帮助,而是反过来强调社会学的各种贡献,强调其不仅能为社会学学科本身而且还能为与之相关的学科阐明研究方向。对莫斯来说,这是一个强调总体性现象对一种能够在各种不同学科边界展开的,且采用多种研究进路的科学研究之重要性的时机,而礼物现象则是揭示总体性的关键要素。实际上,在这些总体性的现象中,"不

---

[1] 《社会学与人类学》,第291—295页。

仅包括群体，还包括以群体为媒介的所有的个性，所有处于道德、社会、精神，尤其是身体的和物质的整体性中的个体"①。莫斯向心理学家提议了一些他们应当从事的研究，其中最紧迫的就是关于"总体的人"（homme total）的研究：这个不可分割的存在应该被置于构成了它的所有面向中去整体地研究——而为了理解这样一种整体性（solidarité），我们可以采用任意一种研究视角。

沿着同样的逻辑，我们要强调，在"总体性社会事实"这个概念中，具体趋同于整全，这两个维度相互蕴含的这一运动并不仅限于精神的领域。实际上，出于同样一种非常人类学的意图，身体以其具体决定的形式，作为既定研究对象的构成性要素，获得了社会学理所应当的研究对象的优先地位。如果说"人的社会学是人类学也就是人类生物学的一部分"②，那么它就不能将社会性与心理学元素之间的关系视为某种更加根本的心理过程的可以被忽略的回响，而是应该给这些关系赋予一个内在的意义。这样做，社会学就开始发挥其影响，拒斥对社会现象的随意认定所意味的向内聚焦的视角，以便把关注点放到社会生活和人类生活的其他领域之间的不同关系：

> 因此，我们不仅应该研究社会生活的一般现象，或者每个社会系统的总体，还要通过其他的事实系统来重新检视这些现象……：顾名思义，就是与那些在任何意义上都不是社

---

① 《社会学与人类学》，第303页。
② 《作品集》卷三，第312—313页。

会现象的事实进行对照。这些事实包括：1. 个体心理学的事实；2. 关于人的生物学事实本身（身体人类学，anthropologie somatologique）。正是在那里，我们遇到了被粗暴地分为集体心理学和人类社会学（anthroposociologie）的问题。①

所以，相对于社会学来说，生物学和个体心理学所占的位置都是一致的。这两门学科在保留住了其研究对象的特殊性的同时——而它们的研究对象无论如何也不是社会性的，因而无法纳入社会学的研究进路之中——也开启了一些通道，使一种我们可以称之为联合解读（lecture combinée）的模式成为可能。而能够允许联合解读的狭窄空间恰恰存在于社会学敢于去研究社会性与非社会性之间关系的地方。通过经常性地参照那些只能借用但不属于其研究范围的事实，社会学不断完善其研究。虽然边界区域至今还是被几门对混杂性持怀疑态度的学科所占据，但是集体心理学和人类社会学应该而且只应该被归于社会学。这两门学科所做的研究一直与社会现象有关；但是，它们不关注社会现象的内在的决定因素，而研究其外在的形塑，在社会现象与生理的和心理的必然性的遭遇之中来理解它的构成，并研究它通过克服这些必然性而自我实现的过程。因此，似乎只有社会学才能够达到莫斯概念中的终极目标：理解"总体的人"，尽可能靠近完整个体，将其作为一个不可分割的生物总体。

---

① 《作品集》卷三，第 313 页。

1934年发表的研究《身体的技能》①（Les techniques du corps）在这个计划中占据一个关键性的位置，这是因为该研究开启了一门真正的关于身体的社会学，亦即关于存在的形式的社会学，关于在这个或那个文化中身体可能具有的既定用途的社会学。这种尝试是前所未有的，因为它假设在身体的层面上——而不是在一个更低的或更高的层面上，是在最终将成为决定因素的心理实体中——社会性的表述仍然是可读的。根据所研究的社会的不同，行走或者游泳的现象也呈现出多种形态。这些现象根本不应该被认为仅仅是一些可以忽略不计的细节，只能给民族志描写增添一丝异国情调；恰恰相反，一旦我们意识到它们是集体以各种方式尽可能深入地铭刻进个体的外在呈现，并且这一铭刻是持续而潜在的，其形式是无穷无尽的，这些现象其实就作为至关重要的揭示要素而被纳入社会学所确立的研究领域之中。

此外，社会学开始涉及那些当时对它而言仍然陌生的领域。更为甚者，社会学以其内在的表述模式赋予了身体以首要地位，并因此而直面精神分析，特别是在其对歇斯底里现象的研究进路方面。这一相近性是很惊人的，尤其是当莫斯根据个人的生命周期来区分身体的技术，并因此强调那些在儿童时期根据与母亲的接触方式而获得的技能的时候——儿童是被抱着（或者驮着）的吗？如果是，以何种方式？我们在此能准确描述的身体接触有哪些？儿童在断奶以前的和以后的身体姿势是什么？等等②。

---

① 《社会学与人类学》，第365—386页。（收入该书的第六部分。——译者）
② 参见《社会学与人类学》，第377页。

列维-斯特劳斯指出，对一个接受了一套智识和道德训练的人来说——这套训练跟自上个世纪末就统御了大学的新康德主义训练一样古板——需要很大的勇气和远见才能发现"各种自我们的儿童时期就消失不见的心理状态"，也即"性接触和肌肤之亲"的产物，也才能意识到他自己"正处于精神分析之中，甚至极有可能是深深根植于此"。①

符号性总体

莫斯给自己出身的涂尔干传统带来的诸多偏向最终导向了一个看起来自相矛盾的假设："总体的人"。这一独一无二的研究对象可以根据各种不同的视角进行研究；这些视角在不丧失彼此之间不可化约性的同时仍然互为补充。因为，对个体意识进行的心理学研究本身——这同样适用于对某一既定社会所特有的某类身体特征的生理学研究——以其本身视角并就其本身而言，是完全有意义的。如果一种社会学不仅关注个体，还想要触碰到"最小

---

① 《莫斯著作导论》，收入《社会学与人类学》，第 xi 页。对身体的技能的考察，并将其建构为社会学的研究对象，是莫斯作品中最具原创性和革新性的方面之一。在此我们不做详细分析，因为这不是本研究的目的所在。然而，我们仍要指出这一考察在对民族学（包括其民族志描写那部分）本身重新进行的理论评估中还是占有一席之地的，它预见了一些未来的发展方向。在这一点上，有鲁斯·本尼迪克特（Ruth Benedict）和玛格丽特·米德（Margaret Mead）的研究工作，以及他们对精神分析类别的重视。在《莫斯著作导论》中，列维-斯特劳斯也建立了这样一种关联，但是也指出我们应当小心不要受到什么影响。此外，在另一个领域，还有奥德里库尔（Haudricourt）和勒罗伊-古尔汉（Leroi-Gourhan）的著作，他们二人都是莫斯的学生，完全沿用了《身体的技能》一文中关于身体的用途的社会学进路——关于该进路的表述正是在此文中首次提出的。

单位的因素",也就是说,能够在其自身的层面上展示一种独特的社会真实的因素,这种个体意识的心理学研究就构成了这种社会学的关键性材料。还需要解释的是,在"总体性社会事实"的概念中,这些多种表达方式的系统化是如何可能的,它们之间的关联以及防止分散又是如何发生的。简而言之,我们还需要去理解,社会事实所含的总体性面向的建构方式。

于是,问题就再一次回到了由个体到社会的相互关系,不过这一次是在莫斯能够提出"总体性社会事实"概念的原则层面上。认识到这一关系对于避免将人与其所属的群体隔离开来,或者将人身上的社会印记与其本质印记分开来说是至关重要的,但是,如果我们不同时去努力去理解这一整合的实际模式,以及整合实际操作时所依据的原则的话,前述的认识很可能就只是一个没有任何实际影响的立场。

首先,问题在于不同表象的组合。个体表象与集体表象是如何相互融合的?两者如何能够相互连接,甚至共同作用于一个统一的心理之上?最重要的是,社会性是如何保持其连贯性和统一性的?可以看到,莫斯给出的答案首先在于放弃对一种明确的因果关系的设想。在这样的一种设想中,个体表象不仅要承受凌驾于其上的社会表象的作用,而且它与社会表象建立的关系只能是服从式的。而莫斯的这一否认主要是通过社会学模式和精神分析模式的相互靠近而实现的;此外,它还在很大程度上预测了自20世纪30年代以来在美国形成的文化人类学的主要研究主题。在《文化模式》(*Patterns of culture*)一书的结尾部分,鲁斯·本尼迪克特以一种与莫斯相似的视角总结道:

第二章 从个体性到集体性

正如我们在本书中所讨论的那样，完全意义上的社会从来就不能与构成它的个体分离。没有个体所属的文化所提供的支持，任何个体都无法触及其可能性。同样的，没有任何一种文明在分析到最后的时候，其结构中的任一因素是不含有个体作出的贡献的……对文化与个体之间的对抗的强调并不能澄清个体的问题，对二者的互补的强调反而有助于澄清这一问题。①

然而，对于莫斯的观点完全可以被本尼迪克特所阐释的观点取代这一点，我们可以存疑。实际上，对后者而言，个体与社会之间的既合作又互为补益的关系，仍然可以以因果论来解读；如果说这一因果关系与作为社会事实客观化准则的涂尔干式严格对立关系鲜有共同之处，那么它仍然处在一种对两极的区分之中——这两个端点虽然彼此对立，但同时也互为依凭，并共同参与到对同一个总体的一致性之中。在这个意义上，鲁斯·本尼迪克特将复杂的组合概念化为整合（intégration），而对这个概念的分析最终总是可以区分出原因和结果的。这同样适用于基本人格论（personnalité de base）的假设，即另一位文化人类学的代表人物卡迪纳（Abram Kardiner）的关键概念。文化人类学本身就蕴含着一场辩证的运动，其间，个体性与社会性彼此对立又互为建构；然而，它应该定义一个可以根据其与社会诸项制度的关系进行调

---

① 《文化模式》的法文版译名为 *Echantillons de civilisations*（Gallimard，1950）。作者在这里引用的是法文译本的第 334—335 页。（这段译文由译者根据英文原书译出，第 182—183 页。——译者）

节的个体的一极,而这一调节反过来也会对这些制度或者社会规范带来转变①。因果关系在两个方向上展开时变得更加复杂,并深入彼此相连的最深层的事实之中。

至此,我们可能会怀疑文化主义的解决方案是否还存留了一种根本的不确定性。在群体文化和个体心理之间的关联系统中,是否有必要强调个体的维度,也就是说,追根究底,是否有必要强调群体成员的人格?或者反过来,是否有必要强调文化的权重,以及社会规范的作用?我们完全可以断定,个体与社会之间的关系"如此紧密,以至于如果不专门去考察文化模式与个体心理学之间的关系就无法讨论那些文化模式"②。然而,这并不足以完全确定心理学意义上与社会学意义上的考量之间的连结。因此,美国学派(这里指文化人类学)的假设不仅无法最终平息关于科学研究方法各自主张的争论,相反,给其赋予了一种不可判定的性质,从此,同一个现象的个体维度和集体维度之间的关系即便不是对立的关系,那至少也是替代的关系。

而莫斯给出的解决方法则完全不同。这个方案甚至修改了问题提出的方式,包括用一种转译(traduction)的关系取代被广泛接受的因果联系。需要意识到的是,个体性与社会性并非两个彼此对抗的维度,亦非按照一个多少有些复杂的过程而相互结合;

---

① 关于这个问题,可以参考拉尔夫·林顿(Ralph Linton)为卡迪纳的著作《个体与其所在的社会》(*L'individu dans sa société*, Gallimard, 1969)所作的前言。他将基本人格描述为让"社会连续体和文化连续体"得以巩固的"辩证法"的实在化(第49页)。

② 鲁斯·本尼迪克特,《文化模式》(1950),第335页。(译者根据英文原书第183页译出。——译者)

它们其实代表了两个平行的层面，它们以被规范的关系互为呈现，并在这种程度上是可被解读的。当社会学在个人化的现象的层面进行调查的时候是完全保有其特权的，因为经过它处理过的心理学和生理学方面的表述并不被认为是一种外在于其应用层面的社会法则的副作用，而被认为是一种社会学意义上的结构在个体层面上的单体性表达。

但是我们还需要弄清楚，当我们谈论社会学现实在个体层面的表达时，我们究竟在谈论什么？在这一点上，对礼物现象的研究就显得至关重要，尤其是被交换之物被赋予的地位。莫斯指出，这个地位就是符号的地位，换言之，符号这个实体并非简单地由赠予者指向受赠者，而意味着在某一具体节点上重新组合为社会结构之总体的复数的关系。在实体化了一种义务性的主体间关系的同时，赠予物就获得了一种完整的社会意义，这不仅赋予它以力量，还规定了它的流通。因此，被交换之物的这一象征性功能就被认为是礼物制度的根本性特征：

> 那里的物质生活、道德生活和交换，同时表现为无偿性的和义务性的。此外，这个义务性又是以神话、想象的形式，或者说是象征和集体的形式表现出来的：它涉及被交换之物上所附着的利益；这些被交换之物从来都没有与它们的交易者完全脱离；它们所建立的交融和联盟相对而言是不可解除的。实际上，社会生活的象征——被交换之物所带有的持久影响——相当直接地表达出这些古代环节社会中的次级群体凝聚起来的方式；正是通过这种交换，各个次级群体不断地

彼此交叠，并感觉到相互间都负有义务。①

莫斯在此揭示的次级群体与群体之间的关系可以推及部分与整体之间的关系。交换之中形成的联盟，无论是在两个个体之间的还是在两个胞族之间的，都是一种独特化的纽带——独特化在于它仍然依附于赠予者和受赠者的特有人格。但是，由于这一纽带以被交换之物为媒介，因此是符号性的，这也就意味着对单一关系的超越并通向其所在的社会性总体。在这些情况下，每个通过礼物参与到交换中的个体都觉得它亏欠对方的是全部，这一事实只是具体性地指出它们都共同属于同一个社会性总体。因此，我们观察到了关于社会行为的概念的多样且差异化的表达方式；这些表达方式之间虽然互不化约，但是在彼此交叠中又保持一致——而正是通过纽带的符号一致性，这种一致性才成为可能。

在对社会事实的理解中，莫斯将符号概念而非表象概念置于优先地位，并因此用转译逻辑替代了因果逻辑。按照莫斯独具原创性的观点，表象的类型似乎本身就带有某种模糊性：既然只有意识才有表象，那么将社会性与"被表现出来的"等同而论，就必然意味着要在表象能够被如此理解的层面上，给社会性赋予一个承载主体，无论这一承载主体是以个体的还是集体的方式被理解的。显然，在这种情况下，前文提到的问题——在两种相互邻接但又并不真正相连的研究方法之间二者择一——不可避免地再一次出现了。反之，如果我们意识到大多数的集体表象，并不是

---

① 《社会学与人类学》，第194页。（译文引自《礼物》，汲喆译，商务印书馆2016年版，第51—52页，有改动。——译者）

"对一个独一无二的事物的唯一表象,而是随意地或者说多少有些随意地选择出来的一个表象,用以指代其他表象,也为了指导具体实践"[1],我们就会承认这一点,即与其说莫斯研究的是表象,毋宁说是符号,亦即一种纯粹关系性的实体,其价值取决于其在建构一套意义系统时所定义的秩序本身。在这个意义上,符号就只是转译的执行者:它就是如此将诸如尖叫、仪式和问候等个体性呈现重新带回这一呈现所指向的群体。"话语、问候、礼物,这些都被庄严地交换和赠予,而为了避免战争,回礼也是义务性的,如果它们不是符号还能是什么?"如果它们不是个体层面的表达还能是什么?一方面它们表现了群体的在场,另一方面则表现了"每个个体和所有个体的人格,以及它们之间的互惠关系的直接需求"。总而言之,符号这一概念的用处就在于去超越被社会科学过度实在化的各类现实之间的冲突:在这一概念中,不再有个体也不再有社会,只有一个符号系统,它作为个体与个体之间关系的中介,在同一个运动中不仅建构了个体的社会化,也将个体聚合成为群体。在个体呈现的层面上——其独特之处也并未被减损——涉及的是作为一个整体的社会现实,而这社会现实同时且并不矛盾地被认为是群体的总体化单位和无穷无尽的主体间关系。

因此,社会性借以实现其总体化的符号化动力,只能通过一种语言科学所提供的模型才可以得到充分的表述。按照这一看法,认识论方面的变动是很明显的:当对涂尔干和其众弟子而言生物

---

[1] 《社会学与人类学》,第294—295页。

模型仍富含意义的时候——该模型以有机体的概念为特征，根据一种内部的和相互的因果关系来定义组成整体的各部分之间的团结——莫斯已经转而关注一种表达的逻辑，并在新生的语言学中寻找其依据。实际上，社会性只有被建构成语言系统那样的系统时，才能真正地获得一致性。我们知道，在首次出版于1916年的《普通语言学教程》一书中，索绪尔建立了一个"只认可它自身的秩序的"系统[①]，由此创立了作为一门独立的科学学科的语言学，并因此享有客观的自主性。如果对语言的这种新的思考的确对社会学起到示范的作用，那是因为它有效实现了与关于表象的经典主题的必要决裂。语言不能被化约为一种命名法（nomenclature），也就是说有多少种事物就有多少个对应的名字，而是应该被看作是符号的集合，其各自的意义取决于在同一个系统中将其连接起来的关系，而这个系统应当被整体地认为是一种确定的"语言状态"（état de langue）。因此语言学上的同一性在本质上是关系性的，而不是直观的表象性的。对语言的研究就是重建各种符号是如何配置从而组成一个统一的总体，以及这种配置所产生的意义，在社会学中实际对应的就是对情感表达或者身体技术这类具体现

---

① 索绪尔（Saussure）《普通语言学教程》（Cours de linguistique générale, 1915），Payot, 1967, 第43页。语言学所取得的进展对莫斯而言意义非凡，这一点从他对他的老师梅耶（Antoine Meillet）的经常性致敬得以佐证。然而，虽然很相似，莫斯和索绪尔两人之间还是存在着微妙的不同，主要体现在两点上：首先，在将语言放在其社会事实的维度来理解时，索绪尔仍然沿用涂尔干的方式：作为一种"外部"的语言学，它与那种以其自身逻辑去研究语言的正式系统的语言学不同，它认为语言是一种制度，并且严格地强加到个体之上。其次，索绪尔严格区分符号（signe）与象征（symbole），根据他给象征赋予的意义，象征仍保留着象征物与被象征物之间自然关联的雏形。而当莫斯提到象征及其相关概念的时候，只是意指这些意义之间的关系性决定作用。

象的研究工作。例如,关于澳大利亚的一些口头仪式,莫斯这样说:

> 这些不是简单的呈现,而是符号,是能够被理解的表达,简单说就是,语言。这些喊叫(cris),就像是现象和文字。应当把它们说出来,而如果应当要说出来,这是因为所有人都能够理解它。因此,我们所做的,不单单是呈现出这些情感,我们还要向其他人呈现,因为有必要把它们呈现给他们。我们通过向他人和代表他人呈现自己来呈现自己。这本质上就是一种象征。①

表达不是呈现。表达的最终理由不在表达以下的层面,即作为表达来源的纯粹个人的状态,而是在它自身的层面上,也就是在一个自主的符号系统的层面上——该系统通过它所关联的所有关系的集合而生产各种基础意义。在这个意义上,社会表达实际上形成了一种语言,而它的实在一方面依赖于其系统性,另一方面也依赖于这样一个事实,即当它被一个人使用的时候——因此也就是单一性地被使用的时候——它能够被所有人所理解,或者退一步说,至少对所有人而言都是有意义的。如果说它强行加诸社会主体之上,如果说我们因此可以像莫斯做的那样谈论"情感的强制表达",那么就需要立刻指出,它只有在被使用的情况下才能够强加于人,也就是说,主体出于自己的目的而占用它,并

---

① 《作品集》卷三,第277—278页。

同时以他自己的方式给它赋予其独特的构型。我们可能会反驳说，我所表达出来的情感完完全全就是我自己的：这情感烙印着我所体验的痛苦或者愉悦，它只能是我的。莫斯并没有否认这一点，但是强调说，一种情感只有当它同时对他人和自己有意义时才是自己的。我们于是可以认为：诸如大笑或者泪水这样最具情感性的呈现，即便是在其单一性之中，也只能借助一种本质上为集体性的象征才能实现。

在这种情况下，问题再次出现了：既然实证经验被阐述为一个符号系统，那么个体性与集体性之间的联结是如何被建构的？答案的第一要素在于符号系统的特征。这样的一个系统远远不是固定且封闭的，它是一个松散的集合，构成它的各种关系极有可能以一种形式特征（propriété formelle）的方式，在不同的且相互之间非常远的层面上因反射而分支。无论我们研究的是一个业已全面建构的集体制度——比如说，一个已经确立的法律制度——或者是一个在这种社会和制度背景下行动着的单一个体：我们都不得不承认，在莫斯所开创的研究视野中，集体制度和单一个体所定义的两个层面在它们各自的层面上都表达了同一种符号；这种符号并没有把一个层面带到另一个层面上去，但是却在两者之间建立了一种将它们牢固地维持在同一个总体性之中的被规范关系。我们可以看到，对于这样的一个概念，个体性与集体性之间的对立就彻底失去了所有的相关性。或者更准确地说，它们之间的区别只是对一个既定社会所特有的独一无二的符号系统进行差异化表达所产生的多种形态。这是心理学的重要发现之一：在黑德（Head）和里弗斯（Rivers）的研究工作的推动下，心理学指出心智的活动在本质上是象征性的;不仅如此,"集体心智的活动比个体心智的活动要更具符号性,但是它们的的确确在同一个方向上。照此来看,区别只是强度和种(espèce)的差异,并不存在属(genre)的区别"①。正是因为方向/意义是一致的——sens这个词可以同时被理解为方向和共同的意义——两类精神性现实才有可能建立联系。

此外,与个体性和集体性之间的符号可通约性(commensurabilité)更加直接相关的是精神分析及其发展出来的关于无意识现象的研究进路。如果说精神分析治疗完全基于病人的话语这一媒介,这是因为,在弗洛伊德的意义上,无意识确实与说话这一事实有着密切的联系:其构成逻辑类似于语言的逻辑,再者,它所凝聚的要素和定义了其自身秩序的要素,更应该被看作一些关系性的实体——单单是由它们之间关系的集合而平行构成的——而不是表象性的内容。②精神机制的一致性在本质上是形式性的,话题这个概念本身就是以此为基础而发展出来的,这一概念被理解为一种自身就能产生客观意义的安排。因此,这种符号形式主义将超出莫斯著作的范围,为列维-斯特劳斯的结构主义分析提供一个有力的支撑。实际上,对列维-斯特劳斯而言,意识和无意识之间逻

---

① 《社会学与人类学》,第295页。
② 弗洛伊德关于这一主题的最重要的研究是《梦的解析》(*L'interprétation des rêves*)(特别是第六章),以及《精神一词及其与无意识的关系》(*Le mot d'esprit et ses rapports avec l'inconscient*)。弗洛伊德理论中的这一面向是解读拉康(Lacan)自20世纪30年代开始所投身的研究工作的核心要素。在这一点上,可以参考拉康的《言语与语言在精神分析中的功能及领域》(*Fonction et champ de la parole et du langage en psychanalyse*),收入《文集》(*Ecrits*),Seuil,1966。

辑的不可化约性可以在下述话语中得到详细的论述：

> 无意识不再是个体特殊之处的神秘庇护所，或者是一个独一无二的故事的受托处，它让我们每个人都成为一个不可替代的存在。无意识被化约成一个术语，并由此被我们赋予了一个功能：符号的功能，特别是人的，但是，对所有的人类而言，它都是按照同一种律法来发挥作用；实际上，它指向了这些律法的集合。①*

那么，通过突出在"无意识阶段"发现的符号功能的优先地位，结构主义的阐释开辟了一条对社会现象进行形式上的概念化的道路，这难道不是对莫斯想法的一种曲解？更确切地说，这样一种形式主义是否会让社会学的研究进路再一次跌回到莫斯恰恰要努力避免的涂尔干式抽象这一悖论之中呢？将符号优先于意义，这么做我们是否有可能会抹去社会行动中的内在意愿，并因此错过本应该获得的具体现实？借助于现象学的启发，勒弗尔（Claude Lefort）在他1951年写的一篇文章中，以对《礼物》的字面意义上的忠实为名，指出对社会事实的意义的理解不能化约为列维-斯特劳斯所推崇的严格形式化，因而呼吁重返一种非化约式的理解。既然确认了这些事实的总体性特征，莫斯志不在去归纳它们的系统性特征，而更致力于去指出社会总体性的各个构成部

---

① 《莫斯著作导论》，收入《社会学与人类学》，第 xxxi 页。
* 作者在此弄错了引文出处，法文引文实收于列维-斯特劳斯所著《结构人类学》（*Anthropologie structurale*）卷一。——译者

第二章　从个体性到集体性

分是如何"合谋通往同一个方向上的"[1]。关于辩论的细节我们勿需赘言，这里单单指出一点：这种反驳意见的使用范围仅限于对结构概念所负有的意义，以及它被赋予的机械且抽象的特征。其实，在符号系统化的方向上去阐释"总体性社会事实"这个概念，列维-斯特劳斯这么做并非要找到关于某一个给定的社会的既纯粹又抽象的典范表达式，而是要弄清楚转译的若干原则，这些原则很有可能在同一个社会实在的不同层面之间建立联系，并因此重建其一致性。至于这些转译的原则，它们是被双重决定的：一方面，它们总是成形于那些被具体研究的社会事实中；另一方面——这一点更为重要——一些事实比另一些事实让转译的原则更具有可操作性，因此可以被理解。礼物就属于这类事实，并且按照这一看法，《亲属关系的基本结构》也处在莫斯这一学术事业的延续之中——而列维-斯特劳斯认为，对"最为珍贵的物品"[2]也就是女人的交换进行专门的分析，很有可能会为何谓社会性提供更加关键也更加精确的视角。

换句话说，通过礼物现象所发现的符号功能，一方面为普遍意义上的社会性提供了最根本性的描述，另一方面也能够指出当社

---

[1] 参看勒弗尔的《人与人之间的交易和斗争》(L'échange et la lutte des hommes)，《现代》(Les Temps modernes)，1951；后收入《历史的形式》(Les formes de L'histoire)，Gallimard，1978年。对于这场结构主义和现象学之间的颇具战后法国思潮特征的辩论，请参看让-弗朗索瓦·利奥塔（J.-F. Lyotard）的《现象学》(La phénoménologie)，PUF，1954，第83页及后页。这场辩论以《礼物》为主要参考文本，在其所允许的多种阐释之中，集中讨论了当时的重大理论问题。

[2] 参看列维-斯特劳斯《亲属关系的基本结构》(Les structures élémentaires de la parenté)，Mouton，1967，第71页。整个第五章都用于确定并解释这一关系。

会性具体涉及这一种或者那一种文化时所具有的独特表征，而不致一种脱离实际的抽象理论化。既然"不是所有的社会事实都是总体性的"，那么对最重要的符号生产者进行具体的研究就构成了这样一种解释性步骤的关键：没有具体研究，解释性步骤将失去所有的支撑和所有的有效性。因此，当莫斯以一种明显程式化的方式敦促社会学家们去研究"总体性事实"时，他并没有停止在这些事实的具体维度上进行设想。就像帕斯隆所强调的那样，正是通过指出了若干"节点符号生产者……也就是一个符号网络中的最重要的点，在其上凝聚并连接了一个群体所最重视的意义"[1]的存在，莫斯才能辨认出一些特别卓有成效的观察点——通过这些观察点，之前社会学的各种经典二分法就可以被消解了。而在这些经典的二分法中，首当其冲的就是个体性与集体性的对立。这是因为，经由对礼物现象的研究而变得直接可见的，是一种极为个体性的行为——不论是一个个体还是一个次级群体的行为——在其自身的层面上根据其自己的模式表达出的一种社会化动力；而这一动力的独特效果在于它划定了各式各样的个体性，并将它们完全地融入属于它们自己的集体总体性之中。

---

[1] 参看帕斯隆（Jean-Claude Passeron）的《社会学的思维》（*Le raisonnement sociologique*），Nathan，1992，第330页。

第三章
从局部到整体

气氛是什么?

莫斯将礼物描述为一种"气氛"(atmosphère)[①]。这个词就其自身意义而言暗示着丰富的含义:为了尽可能近地了解到具体的美拉尼西亚人是如何在自己的社会中行动的,观察者就应该成为被观察之现实的组成部分,他应该浸入到他想了解的作为终极目的的社会生活中,以这种方式从内部把握那些组织并述明这样一种社会交往模式的必要过程。通过这样一个步骤——我们马上就能看到,田野经验是实现该步骤的基本方法论阶段——社会学家的主体性就在自身完成了一个与科学客体化相关的工作:打破与其客观研究领域的外在性关系,并对自我分析的社会学研究方法——这就与精神分析所看重的方法颇有渊源了——所产生的重合之处进行调控。在这种情况下,就有必要让自己沉浸到通过定

[①] 《社会学与人类学》,第258页。(参见《礼物》,汲喆译,商务印书馆2016年版,第113页。——译者)

义行为和制度之间的关系而将它们全盘囊括至其间的"礼物的气氛"之中：由此就出现了一条通往理解太平洋和西北美洲各个社会的生活的关键性运动的最纯粹的和最直接的道路。除此之外，当我们研究我们自己社会的时候，这条进路也值得借鉴。在这一令人觉得好奇的返归自身的运动中，暗含的是至少可以追溯到蒙田和卢梭的人类学所做的努力，而看起来莫斯在此给它赋予了一种更为迫切的必要性。通过理解其他社会的心智，更准确地说，理解其中的特别之处、奇异之处和完全不同之处，莫斯这位社会学家和哲学家就可以理想地保持为了客观地把握其自己所在的社会的心智而所必需的距离，并具有一种既遥远又内在的视角。相对的，这些与我们所知道（或者我们太轻率地以为自己知道）的社会交往模式如此不同的模式，其整全性只有在对社会学主体性进行批判的前提下才能得以重建，而这就使得它多多少少有些"对自己的客观化进行客观化"①的意味，亦即承认社会学家的理论倾向和研究问题本身都是被一种特定的社会性铭刻所决定的。

然而，这条返归之路需要一个保证，即我们要正确地完成之前的旅程。这个莫斯专门提到其存在、通过不断反复的细致描写而贯彻《礼物》全文始终的礼物的气氛，能给我们带来什么启发呢？我们承认说，因为被描述为这样的术语，礼物现象的凝聚作

---

① 这一主题主要成形于莫斯所授课程，这门课的授课内容后来构成《民族志手册》一书的基础。关于此主题，可以参看列维-斯特劳斯所作的《莫斯著作导论》，收入《社会学与人类学》，第 xxvii—xxviii 页（参见《社会学与人类学》，佘碧平译，上海译文出版社2003年版，导言第12—13页。——译者）；布迪厄的《客观化的客观化》（*Objectiver l'objectivation*），收入《实践感》，第 51—70 页。

用就无法摆脱一定的模糊性，此外，对现象的社会学客体化就再一次成为问题，而这一次的原因是其看上去不可避免带有的不确定性。如果说，我们从一个社会的心智当中，能够获得的只是关于一种难以捉摸且弥散的气味的印象，那么我们又如何能期待对它进行一种科学性的描述，并对它使用那些可能将其建构成为一种可被观察的事实的评价标准和检测标准呢？当然，我们也看到，对礼物这种独特现象的客体化意味着我们要重建有生命的方面，我们并不是要在其凝固不变和物化的状态中去把握它，而是要动态地理解它，将其作为社会总体性的结构化的一种具体原则。这个认识论上的意图，虽然值得称赞，但是难道没有另一面吗？礼物现象作为社会生活的关键揭示要素，难道不正是因为这样而消弭在其各种呈现形式的总体之中，以至于最后不存在于任何地方，社会学家越是试图去接近它，它就越是消失不见吗？

对于这一异议，将总体性社会事实描述为符号系统看上去已经提供了一个充分的回答。如果说礼物现象在整个社会生活之中扩散，弥散在我们研究的任一层面上，这是因为它就是符号的执行者，能够让不同的层面之间进行交流，并且还能够相互融合成一个社会统一体，如此才有可能勾勒出一种特定文化的轮廓。因此，礼物的扩散不是一种无序的且含混的传播，而是一种一直不断反复的关系，其形式由如此建构的系统所具的总体一致性严格地决定。

然而，也没有必要匆忙地得出结论，认为礼物现象就这样被化约成它的形式化功能。恰恰相反，建立在民族志调查之上的社会学的分析让礼物显得再具体不过了，其间涉及的都是那些在具体的层面上可被辨识的物件、人和群体。根据这一观点，礼物现象的形式就与其所涵盖的内容完美地契合了：作为一种关系性的实体，礼物现象还非常好地呈现了一个财富和服务流通的过程。因此很明显的是，礼物要想完成它的普遍符号化的功能，就要依托于社会呈献的非常动态的实在。礼物现象，至少在莫斯着手考察的古式社会中的礼物现象，让一种物品流通了起来，这一物品在被赋予一种符号价值的同时，也在社会总体性的组织中扮演了一个关键角色。行动及其所带来的物品的物质性与其赋予结构原则的非物质性功能彼此交融在一起，这也是新喀里多尼亚人（néo-calédoniens）在描述他们自己的节庆性交换制度时所着力表达的："我们的节日是走线之针，它缝合了屋顶的片片草秸，使其仅成为一盖，仅成为一语。"[1] 礼物现象是符号性物质的流通：在这一点上，它是一种具体的连结，把不同的构成部分汇聚在同一个包罗万象的总体性当中——就像某些波利尼西亚人至今仍在说的那样，类似于"盖好顶的房子"——这些部分既构成总体又在总体中得到承认。然而，对每个个体而言，对每个氏族而言，"贯穿的是同样的线"[2]。当社会经历一段频繁节庆的时期，当通过礼物而实现的交换频繁且狂热地进行时，这根线就比较紧；而当这些个体之间的和集体的呈现间隔很长的时候，或者以较少的庄重和炫耀进行的时候，这根线就比较松。但是不管这个通过礼物现象而实现的连结其松紧程度如何，统一性本身是一直存在的；而礼

---

[1] 《社会学与人类学》，第174—175页。（译文引自《礼物》，汲喆译，商务印书馆2016年版，第32页。——译者）

[2] 同上书，第175页。

物的气氛,无论它是否可以被直接地捕捉到,是存在的,并且像一股"流"一样在贯穿社会生活的同时继续给它提供活力。在莫斯的眼中,马林诺夫斯基对特罗布里恩人的"库拉"的描述毫无疑问地是关于这一主题的最好注脚:

> 就其本质形式来说,库拉只不过是特罗布里恩的庞大的、涵盖了该群岛的经济生活和社会生活的全部的呈现与回献体系中的最庄严的一环。库拉似乎只是这种生活的高潮,其中又以族际库拉和部落库拉最为突出。无疑,库拉仅为生存和大远航的目的之一,只有首领,特别是沿海部落而且往往只是某几个沿海部落的首领才能参与。它只是其他各种制度的集中和具体化。……
>
> 最后,我们认为,从部落内库拉制度上上下下、里里外外来看,礼物交换制度已经渗入特罗布里恩人经济生活、部落生活和道德生活的方方面面。诚如马林诺夫斯基所言,他们的生活已经"浸淫"其中。生活就是不断地"送与取"。生活贯穿着一条兼融了由于义务或者利益、出自慷慨或者希图、用作挑战或抵押的送礼、收礼和还礼的持续之流。①

作为特罗布里恩人社会生活的高潮部分,作为竞争群体之间隆重而大肆地交换礼物的特殊时刻,部落间的库拉不应该遮蔽住呈献系统的存在,它只是这个系统的阵发性表达。在其上凝聚了

---

① 《社会学与人类学》,第185、188页。(译文引自《礼物》,汲喆译,商务印书馆2016年版,第46页。——译者)

那些在整个社会群体中流动的力，这些力不断地贯穿其存在，从而使得社会群体作为一个集体性的存在变得可能。这些力的集合构成了一个"赠予和接受"/"送与取"的常量，这是一条持续之流，其在时间和整个社会群体中的恒久存在，远远不是一个单调的规制，而是一个节奏：在这节奏当中，有强拍与弱拍，有张有弛，空间被赋予不同的价值，并因而具有等级次序。"无论是在社会方面还是在个体方面，人都是一种有节奏的动物"[①]，莫斯在《民族志手册》中就如是提醒过我们。礼物现象以非常具体的方式揭示了这一节奏的各种形态和影响，从而给它赋予了一种惊人的一致性，这就使得社会学的解释变得可行。使之流通的同时，礼物现象本身也流动了起来，这就将社会性的各种表征都结合在一起。因此，被社会性浸透的是人的整个存在。在这样的社会生活中——对此，我们可以看到，莫斯的概念从来不将集体的维度与个体的维度分开来讲——各式各样的实践都浸淫其中，从最公共的到最私人的，从最神圣的到最世俗的。

就拿部落间的库拉和"金瓦利"（gimwali）[*]来说吧，前者是高贵的和慷慨的，而后者则是一种严格意义上的商品交换。这两种实践截然不同，以至于可以在二者之间建立起一种对立的关系：如果一个人没有抱着必要的恢宏之心去做库拉，为了突出其没有尊严可言，他就会被人说成是"像在做金瓦利"。但是，如果这样就认为因此造成的等级化就意味着一种根本的区分的话，那就错了：贵族式的交换并不是将利益型的交换从有用之物中剔

[①] 《民族志手册》，第85页。

[*] 指土著人的一种以物易物的贸易行为。——译者

除出去，而是像马林诺夫斯基那既细致又全面的描写所指出的那样，是一种自相矛盾的条件。部落间的库拉进行之际，当整个部落本着慷慨和奢华的精神，庄严地彼此赠予宝贵的物品时，固执的讨价还价才得以完成。在其间实际建立的是一种交换关系，我们将其认定为一种经济行为并不是那么困难的事情，因为其间的规则显然是利润和利益。只是这种节日（其时表现的是最纯粹的礼物形式）和市集（其间确立的是商业关系）之间的共存比它看上去的要更加深刻。因为，虽然金瓦利的结构是商业性的，但是从来也没有获得过真正的自主性：它总是在往库拉靠拢，这个决定性的社会时刻一直是所有围绕在它周围的主体间关系的目标和最终目的——这些关系涵盖了从最高贵的到最赤裸的利益相关的关系。于是，我们就看到一个具有普遍维度的系统构型得以发展：特罗布里恩人将通过礼物交换的具有符号价值的物品称作"瓦古阿"（vaygu'a），"围绕着库拉的瓦古阿交换，还存在有其他各种形形色色的交换，从讨价还价到给付报酬，从诚恳的要求到单纯的礼节，从毫无保留的热情款待到缄默甚至害羞"[①]。库拉的中心地位应该被阐释为一种管理社会生活方方面面的总括性原则。曾经孤立地出现在经济领域、道德领域、法律领域、宗教领域或政治领域的所有社会关系都汇聚于此，在同一种关系当中彼此影响：这就是礼物的关系，亦即库拉大规模实现的挥霍的关系。因此，礼物作为一种具体的符号执行者，并不仅仅囿于按照多环节社会（sociétés polysegmentaires）本身的联系将一个个个

[①] 《社会学与人类学》，第185页。（译文引自《礼物》，汲喆译，商务印书馆2016年版，第43页，略有改动。——译者）

体统一成次级群体,或将次级群体统一成群体。根据这个观点,礼物现象主要还是将群体与自身统一起来,所依据的是我们习惯对其加以区分的——按照礼物现象的视角——但又属于同一个连贯整体的各类社会实体。

因此,总体性社会事实找到了一种定义,能够给它"气氛式"的实在赋予一种比表面上看起来更令人满意的内涵。这一定义直接源于其不可指定的性质,源于其流动性及无法只固着于某一既定的社会组织,并且还源自与这种流动性和扩散相关的凝聚力和合成性。达维和亚当二人都对夸富宴做过详细的研究[①],对此,莫斯批评他们限制了其外延:

> 因为夸富宴已经远远超出了法学现象的范围,它是我们所提议的"总体的"现象。夸富宴是宗教的、神话的和萨满的,因为参与其中的首领们再现了祖先与诸神,他们是祖先与诸神的化身,他们采用了祖先与诸神的名字,跳祖先与诸神的舞并附有其灵。夸富宴也是经济的,即使用目前欧洲的标准来看,其交易的数额也是惊人庞大的,应该对这些交易的价值、重要性、原因与后果做出估量。此外,夸富宴还是一种社会形态学现象:部落、氏族和家庭乃至部族在夸富宴上集会,并造成了强烈的紧张与兴奋,互不相识的人却亲如兄弟;在数额巨大的贸易中、在接二连三的竞赛中,人们或互相沟通或彼此对

[①] 达维(Georges Davy)对夸富宴的研究可以参考《信誓论》(*La foi jurée*, Alcan, 1922);至于亚当(Leonhard Adam)的研究,可参看他自1911年起在《法律科学杂志》(*Zeitschr. f. vergleich. Rechtswissenschaft*)上发表的一系列文章。

立。至于不计其数的审美现象我们暂且不提。①

社会学的客体化，以其最为完整的和最富有创造力的形式，亦即在最本质的维度上触及社会事物之时，揭示了"总体的"现象。通过这一点，就能理解一些事实的界定并不符合一种功能性划分的标准——这一划分是基于一种在社会学中无处不在的有机模型，仍带有鲜明的涂尔干研究的印记——而是遵从一种符号密度的标准，这使得它们能够在自身的层面上将社会生活的全部面向展现出来。法律、经济、艺术、宗教、政治，这些领域只有在它们所定义的所有活动都具体地汇聚到礼物现象的节点之上时，才具有如此泾渭分明的社会功能；它们从该节点汲取它们所需要的能量和形式——甚至于连群体的形态本身都深受影响。

因此，当我们关注特罗布里恩人的习俗时，或者其他按照类似社会交往模式生活或者曾经如此生活过的人们的习俗时，我们就有理由扪心自问，一些相对独立的社会空间的区分之说本身是否源自一个假的命题——关于这种社会功能的命题并不成立。我们所看到的，难道不是欧洲社会学家无意识地投射到其研究对象之上的一种幻觉？在指引其研究进路的提问题的方式当中，难道不存在一些他自己所在的社会空间所特有的功能特性？莫斯特别关注民族志学者的叙述是否据事直书，并注意对事实提出解释之前对其进行忠实描述；他似乎已经觉察到了需要彻底改变观点的必要性，并由此也觉察到了对造成社会学家研究工作相对化的研究者主观性进行批判的

---

① 《社会学与人类学》，第204—205页。（译文引自《礼物》，汲喆译，商务印书馆2016年版，第61页。——译者）

必要性。于是，在谈及美拉尼西亚社会时，莫斯这么说道：

> 这种法律——我们将要讨论的日耳曼法亦然——之所以停顿不前，其关键在于他们未能将经济与司法的观念加以抽象和划分。不过他们也不需要这么做。在这些社会中，氏族与家庭既未能相互区分，也未能区分它们的行动；无论是多么具有影响力和多么明智的个体，也不懂得要把自己和其他人对立起来，不懂得要把自己的行为和他人的行为区分开来。首领把自己和氏族混为一谈，而族人也认为氏族与首领是浑然一体的；所有的个人也都只知道以同一种方式行动。①

在这段引文中，我们注意到，莫斯依据两条坐标轴辨识出与我们的模式相异的个体化模式：一条是个体与集体之间的关系，另一条是法律与经济的关系。就我们的社会而言，以及我们所设想的它们的运作方式而言，这两条线索在逻辑上是相互依存的。这是因为，正是通过将集体实体与个体实体对立起来，我们才能够将每个独立负有责任的法律主体联合起来，才能够在法律主体的身份以外研究他们之间的经济关系。② 我们意识到，对于我们欧洲人而言，这些造成了二元对立的区分扮演了一个多么关键的角色。然而，声称美拉尼西亚人或者其他古式社会里的人没能力

---

① 《社会学与人类学》，第 193 页。（译文引自《礼物》，汲喆译，商务印书馆 2016 年版，第 50 页。——译者）此处加点的地方是本书作者强调而标出的。

② 关于这一点，我们可以参考莫斯的一篇重要文本，《一种人的精神范畴：人的概念，"我"的概念》（Une catégorie de l'esprit humain : la notion de personne, celle de «moi», 1938），后收入《社会学与人类学》，第 333—362 页。

第三章 从局部到整体

完成这类区分,完全不是说要将他们定义在一个我们在其中可以事先享有规范性特权的进步式的秩序之中。"不过他们也不需要这么做":通过强调这一点,莫斯明确指出这种他类(autre)的社会运转并不因为它是不同的就意味着是一种功能障碍。为了创建他自己的研究进路,社会学家应当尽力不要从自身出发而武断地立于一个规范的实体之上,而是要从他者性作为他者性本身出发,从其自身去考察它。在这种情况下,一种合理且非化约主义的科学做法就应该从承认"人类之一部分便是如此,他们相当富有和勤勉,创造了可观的剩余;在他们中间,自古以来便存在着大量的交换,但其交换的形式和原因却与我们相去甚远"① 开始。

在这一点上,莫斯的观点跟另一位社会学家的是一样的。这位社会学家之于涂尔干思潮的位置很是暧昧不清:他与涂尔干思想既非常亲近,又非常独立,有的时候甚至站到了其对立面——这依据的是一种模棱两可的逻辑,亦即"互渗"(participation)的逻辑,而这构成了其研究工作的基石。他就是吕西安·列维-布留尔(Lucien Lévy-Bruhl)。他的第一本人类学著作《初级社会的智力机能》(*Les fonctions mentales dans les sociétés inférieures*,1910),在致力于描写"初民"(primitifs)的思维的同时,尽力不去将它当成一种心智的孱弱来分析——比如弗雷泽(Frazer)就是这么做的,在分析观念之间的连接的法则时,他从中只发现了一堆诡辩和虚假的关联。列维-布留尔则在他的书中这样写道:"应当从这些关联本身来考察它们,并研究它们是否取决于一个普遍

---

① 《社会学与人类学》,第194页。(译文引自《礼物》,汲喆译,商务印书馆2016年版,第51页。——译者)

的法则,该法则是原始人惯常理解人与物之间的神秘关系的共同基础。"[①] 然而,这种思维模式并非毫无逻辑可言,也非反逻辑,而是具有其自身的逻辑,拒斥我们从自己的逻辑出发可能会对它作出的定义。支配着这种思维的普遍法则就是"互渗律",按照这个法则,"物品、人、现象,虽然对我们而言是不可理解的,却可能既是它们本身,同时也是其他的东西"[②]。这种思维是"前逻辑的",这么说并不意味着它具有更少的价值,而是说与我们的以避免矛盾为根本的思维方式不同,这种思维方式并不强迫自己一定要去避免矛盾。

因此,跟莫斯一样,列维-布留尔也强调他者性作为他者性本身,并根据他者性所揭示的思维模式去发现其特征。除此之外,将一种互渗的逻辑揭露出来,这一做法看起来尤其与礼物现象的分析有关,这是因为,按照莫斯本人的话,礼物现象似乎实现了物和人、身体和灵魂的混融(mélange),这是一个自相矛盾的综合体,其中的价值无论在形式上还是在内容上都互不相同,甚至相互矛盾。然而,在《礼物》一书的注释里,莫斯拒绝了将总体现象与互渗现象混为一谈的解读。[③] 实际上,列维-布留尔意义上

---

① 列维-布留尔,《未开化社会的思维》(*Les fonctions mentales dans les sociétés inférieures*,1910),Alcan,1928,第76页。我们将会比较列维-布留尔的著作和莫斯与涂尔干合写的一篇讨论同样问题的文章:《原始分类的若干形式》(De quelques formes de classifications primitives,1903),收入《作品集》卷二,第13—89页。

② 列维-布留尔,《未开化社会的思维》(1928),第77页。

③ 参见《社会学与人类学》,第184页注释1。(参见《礼物》,汲喆译,商务印书馆2016年版,第41页注释②。——译者)关于莫斯对互渗概念的讨论,可以参见《作品集》卷二,第130—131页。

的互渗假设的是混淆（confusions）和辨识（identifications），但是这二者遮蔽了在总体性社会事实中实现的综合体所具有的既动态又系统的特性。只有认识到通过礼物而进行的聚集（rassemblement）和统一（unification）同时也是一种差异化，我们才能够真正地理解其结构化的功能，而其逻辑维度才能够真正地被当作逻辑本身，并依据其自身的有效性而被研究。而互渗的概念并没有充分地表明这样一个事实，即当各种不同的现实混淆在一起的时候，它们同时也进入了一种规范的、仅能确保其可理解性的关系。对符号总体性进行分析能够带来的，正是一种理性——即作为他类，并不意味着混乱——所特有的规范。和列维-布留尔一起，莫斯也推崇对古式社会的逻辑运转进行一种全新的且更为慎重的考察——这些思维给我们揭示了一种既独特又奇异的"气氛"。然而，正是通过反对列维-布留尔，莫斯最终才能给他的研究赋予最为严谨的认识论形式。

关于社会性之考古学的要素

所有这些都极富趣味，但是，人们可能要问，此时此地，我们跟这些现象还有什么关系呢？如果它们看上去是如此的奇异，难道不是因为就我们给这个词赋予的疏远和断裂之彻底而言，它们对我们来说就是异域且陌生的吗？关于礼物现象，人们可以很轻易地沿着这个方向来论述。既然礼物现象对我们而言只是一种相对无关紧要的现象，只与私人性质的主体间关系紧密相关，这类关系巩固了友谊，或者庆祝一些零散的、彼此之间并没有联系的重大活动，那么将礼物现象扩展为一般社会情感理论的基础的做法就显得非常值得怀疑。受利益驱动追求利润的经济关系，在市场中得以具体化，并且它的社会规范作用也是很明显的，与此相比，这类物品流通的现象即使不是与理解作为社会纽带本身的社会纽带毫不相关的话，那也显得无关紧要。如此，因为莫斯在《礼物》前两章研究的太平洋社会和美洲社会，还没能够从它们的交换结构中发展出作为买卖依凭的个体契约，也没有发展出关于价格的标准值（valeur étalon）——这一标准值将物从人之中分离出来，并在规定了重量和成色的货币的标准下给物赋予了一个自有的度量和一种自有的秩序——这样是否就能够断言这些社会中不存在市场呢？实际上，在他研究的初始，莫斯就与这样的一种阐释保持距离。

> 我们将对这些社会中的交换现象与契约现象加以描述。这些社会中也有经济市场（通常人们以为这些社会并没有经济市场，但在我看来，市场是一种人类现象，它并不外在于已知的任何一个社会），但其交换制度却与我们不同。[①]

的确，我们无法从经济的维度去清楚地解读这个交换制度，但这并不意味着这一维度对交换制度而言是缺失的，这只是因为它所具有的形态与我们所知道的不同而已——这一复杂形态的轮廓之所以能够得以勾勒出来，是因为**总体性社会事实**这个概念使

[①]《社会学与人类学》，第148页。

得不同的社会制度在礼物现象这一特定层面上达成的交联（interconnexion）变得清晰易懂。

相对于这样一种古式的交联，我们社会的做法完全相反：一种果决而干脆的分离。这一细致的解缠（désenchevêtrement）一方面给我们的经济赋予了一种冷静而客观的计算，另一方面，在物品流通的层面上，让礼物交换承担了所有的情感类的和主观性的任务。但是，一旦我们不再将这种区分当作理所当然的，一旦我们去探寻其根本，并尽力在它的历史中重构它，横亘在我们与夸富宴社会之间的沟壑就能够逐渐地被填平：

> 因为正是罗马人和希腊人（可能是继北部和西部闪米特人之后）首创了对个人权利和物权的区分，并把买卖从赠礼和交换中分离出来，使道德义务与契约各自独立，特别是在观念上区别了仪式、法律和利益。通过这样一场名副其实的、可敬的伟大革命，他们超越了那种陈旧的道德性和赠礼的经济体系。赠礼的制度难以预料、耗费甚巨、奢侈铺张，为种种人情的考虑所充塞羁绊，已经和当时的市场、贸易与生产的发展冰炭不容——质言之，赠礼制度在根本上是反经济的。①

如果我们相信莫斯所作的历史重构，那么正是通过一场希腊罗马式的"名副其实的、可敬的伟大革命"，西方文化才能够从一种"反经济的经济"过渡到我们所熟知的"经济的经济"。也就

---

① 《社会学与人类学》，第239页。（译文引自《礼物》，汲喆译，商务印书馆2016年版，第94—95页。——译者）

是说，从一种浸润于多种限定因素中的经济（这种经济不仅与收益、利益、生产性积累毫无关系，反而是对它们的否定）变成一种自主化的经济，其目的只取决于经济自身。这样的历史因为在一个普遍的过程中——在该过程中，我们的经济逐渐摆脱了那些非经济的因素——描述了我们的经济的创始性类别的出现，因此其可能性本身就直接挑战了政治经济学的经典假设。关于这一点，莫斯所作的看上去只不过是延续了一个已经被涂尔干充分论证过的批判。古典政治经济学的拥护者们（走在最前的当属亚当·斯密）的分析基于一种本能的经济需求的存在，从一开始就以追求利益为导向、以内生的交换倾向为基础，他们同时将市场现象描述成一种人类心智的自然产物、本能的惯常结果。涂尔干反对这种根据社会事实的最终目的来判定社会事实的做法，认为这是一种非常奇怪的科学进程："事实上，在各种各样的研究中，只有对事实的解释足够深入了，我们才有可能确定事实有一个目的，以及这个目的是什么。"[①] 经济类别的自然性这一假定源于社会学客体化中的一个错误，在这一过程中，"纯粹的精神概念"[②] 被投射到社会实在的层面上，而这种实在本身事先并未被描述过。比如，我们以纯粹的生产概念为依据进行概念性的分析，以便从中推导出社会行动者和他们之间的关系，由此给他们配置了一个建构性的角色，并最终据此来强调真实的存在。这种推理方式有两个后果：一方面，它试图去建构一种关于经济关系的狭隘的主观主义理论，将单个的主体从他所在的并在其中受到各种限定的社会基

---

① 《社会学方法的准则》（1987），第24页。
② 同上书，第25页。

质（substrat social）中抽离出来，然而如果不考虑这个社会基质，个体的行为就无法被理解；另一方面，无论是在经济现在的功能上，还是在其历史的形成上，它都把经济领域与整个社会关系分开，并赋予其一个自然的起源，从而随即将其确立为一个独立的领域。在这一点上，涂尔干的批评与马克思对政治经济学的批评极为相似——马克思曾经指出政治经济学在何种方式上是意识形态的。因为"经济学家将资产阶级的生产关系、劳动分工、信用、货币表述为固定的、亘古不变的类别……他们给我们解释了我们在这些既定的关系中是如何进行生产的，但是他们没有解释的是，这些关系是如何被生产的，也就是说它们得以产生的历史进程。"①

因此，《礼物》一书中对经济人（homo œconomicus）和经济理性主义这两种假设的讨论，就属于对经济机制在整个社会关系中所处的位置和功能这一问题的悠久的批判传统之列。在这点上，莫斯的原创之处首先体现在研究方法上。他以民族志和历史的调查研究为其研究的支撑，这种研究的确首先假设要与我们的社会保持一种彻底的距离，但是这其实并不是为了在一种进化的时间性之中，重新勾勒出从一种所谓"原始的"交换模式到一种所谓"文明化的"社会的交换模式的持续的历史进程。当莫斯讨论一种反经济的经济转变为一种严格意义上的经济的经济的时候，他所做的努力更像是考古学家，而不像是对一种仍然很有可能是被欧洲社会学家按照目的论方式建构起来的进化进行研究的历史学

---

① 马克思，《哲学的贫困》（Misère de la philosophie），收入《马克思作品集·经济卷》（Œuvres économiques），卷一，Pléiade，第74页。

家。莫斯实际上致力描写的是两种交换模式的悖论式纠缠：虽然往相反的方向发展，它们并未因此就不再来源于同一个基础，而这一共同的基础就是位于社会性总体事实能够揭示的系统性秩序中的作为社会性本身的社会性。因此，既然根据经济的维度——或者说从我们的角度来看可以被定义为经济的维度——去解读礼物制度，我们看到这一经济角度在社会性的其他维度的干扰下模糊起来，也就应该在对我们而言是主导性的商品模式之中去探察赠礼意味着什么，以及人类交易的普遍原则之有效性能够揭示什么，而这一有效性已经被民族志调查和历史研究都充分彰显过了。

《礼物》的第三章就旨在给前文分析过的事实赋予一种"一般社会学的价值"[1]，正是在这一章中，莫斯开始着手这一项回归自身的运动。而对我们的法律和道德遗产开展的稽考是在礼物这一原创性的视角下进行的，这一剑走偏锋的视角带来的成果斐然，因为它动摇了被我们的交换系统所广泛接受的概念，并且对其基础做了全新的阐释。这么做，对我们的法律和经济的运作方式而言至关重要的区分——物权和对债权之间、人与物之间、市场利益与礼物之间的区别——所具有的自然属性就被消解了：

> ……这种区分难道不是直到很晚近才出现在伟大文明的法律中吗？此前它难道不也是经历过一个没有冷静计算的心态的阶段吗？甚至，它不也曾实行过这种人和物融合在一起

---

[1] 《社会学与人类学》，第228页。

的交换礼物的习俗吗？对印欧法律的某些特点的分析将使我们能够表明，我们的文明本身也曾经历过这种嬗变。在罗马，我们将找到一些这种转变的残迹。而在印度和日耳曼，我们将会看到，这种法律直到相当晚近的时代还仍然盛行。[1]

因此，礼物现象比我们倾向于认为的要更贴近我们的社会，也不像我们以为的那样无关紧要。考古学的研究方法在这里具体表现为对历史的一种独特实践：这种方法并没有将过去视作一种被我们抛诸身后的废墟，而是尝试着给过去赋予一个古代基石的地位，其效果虽然似乎被系统性地遗忘了，但其实现在仍然能被观测到。礼物现象的缺席之所以很重要，是因为缺席本身揭示了对礼物现象的遗忘——作为考古学家的莫斯又重现了这一遗忘，并且通过对我们自己的若干实践的社会学研究（而我们错误地认为这些实践是无关紧要的），最终指出"我们的道德以及我们的生活本身中的相当一部分内容，也都始终处在强制与自发参半的赠礼所形成的气氛之中"[2]。因此，从结果的角度来看，民族志研究的移位提供了一种可能性，即用一种全新的视角去看待普遍意义上的社会生活，特别是我们自己的社会生活，从而证实了这一变动所带来的第一波冲击。这一在空间和时间两个层面同时进行的断裂，虽然乍看上去在与最纯粹的、无法化约的他者性

---

[1] 《社会学与人类学》，第229页。（译文引自《礼物》，汲喆译，商务印书馆2016年版，第83—84页。——译者）

[2] 同上书，第258页。（译文引自《礼物》，汲喆译，商务印书馆2016年版，第113页。——译者）

（altérité）遭遇时就得以弥合，但它最终还是通向了熟悉与陌生的悖论式融汇，而"人类活动的基本动机也从其中露出端倪"[①]。然而，还需要理解这样一种比较性迂回的必要性：如果最终的目的是且仅是认识自己，那么这个要求社会学家在各种异质性极大的社会中不断穿梭的重复游戏，在什么意义上是一个必经的中间阶段？

这个质疑要求对何谓考古学下一个更加精确的定义。特别是，如果"古代"的概念既不涉及一个进化的历史，亦非涂尔干使用的生成的（génétique）历史，因此与"原始"（primitif）的概念有着本质上的区别的话，那么什么是"古代"？根据莫斯的本意，古代层次的特征主要在于它是一种无意识的结构机制，在持续地构成我们总体性社会生活的基础的同时也为其赋予了特定的构成形态。换言之，为了能够将礼物理解为一种气氛，一种我们浸淫其中但并未意识到的气氛，这一迂回则是必不可少的，这不仅是因为存在着对礼物现象的遗忘，而且是因为这一遗忘本身就带有一种至关重要的功能：它是礼物现象所实施的象征逻辑的标示，前文我们已经讲过了，这一逻辑是无意识的，这么说不仅仅是因为它是藏匿的，而是因为这一藏匿就是其有效性的条件本身。在这种情况下，古代自然就是过去，但是它仍然是一种不断活跃着的过去，是社会性的基本层；吊诡的是，为了现在的运转，对过去的遗忘就是必需的。对我们自己的社会生活所做的社会学客体化是无法直接进行的，因为这一操作涉及对这一遗忘的揭示，

---

① 《社会学与人类学》，第258页。

不仅包括藏匿的内容,还包括藏匿的方式:因此就必须经由外部,必须撞见作为他者性的他者性,并在其中破译出一种象征逻辑的具体效用,依此类推,然后才有可能推导出我们自己社会的运行特性。按照这一观点,总体性社会事实因其关键性的象征化功能,而成为莫斯式社会学最终所预示的一种颇为独特的自我认知模式的基础。然而,这种自我认知的建构主要基于社会学对学科本身的反思,对社会学与民族学和历史学的联系的反思,故此这一研究导向就与精神分析的方法极为接近。列维-斯特劳斯在他写的导论中就特别强调了相同的观点:"因此,对精神活动的无意识形式的感知(这一感知只能是客观性的)仍然通向了主观化;这是因为,精神分析的做法最终跟民族志的调查行为是同一类的:前者让我们重获最陌生的自我,而后者让我们能够触及他人最为奇异之处,就像触及另一个我们一样。"①

礼物的批判性价值

在这些情况下,我们就理解为什么莫斯这位社会学家-考古学家必须要去研究在他自己的文化中对礼物现象的遗忘是如何被建构的。这个研究当中关键的一步是历史性的:对莫斯而言,需要指出,我们习以为常的那种经济行为的诞生过程,以及与

---

① 《莫斯著作导论》,收入《社会学与人类学》,第 xxxi 页。(译文引自《社会学与人类学》,佘碧平译,上海译文出版社 2003 年版,导言第 15 页,有改动。——译者)关于古式范畴的认识论功用,可以参考亚科诺(A. M. Iacono)的分析,《拜物教:一个概念的历史》(*Le fétichisme, histoire d'un concept*),PUF,«Philosophies»,1992,第 101—126 页。

其相关的市场交易的诞生,其实是一个虚假的诞生,这主要是因为它无法将它所造成的分类重新置入其诞生的历史背景之中。就像我们之前所说的,这种研究步骤与涂尔干的和马克思的研究操作颇为相似,正是在这一步骤当中,莫斯对古典政治经济学的若干分类之自然性提出了批评。然而,在经由礼物现象的独特性质所开拓的视野之中,论述主要还是围绕着利益这一概念进行的。利益,作为无偿和无私的对立面,实际上是一种完全根据客观的市场法则而理性计算的社会交换关系概念的试金石。比如,对亚当·斯密而言,每个个体都具有一种与生俱来的交换倾向,并自然而然地产生了一种市场关系,而其最原初的形式就只能是以物易物;参与其中的个体都很清楚,他要生产其交易对象需要的物品,这样才能换回他自己需要的其他物品。对经济关系的这样一种历史论述,只能通过把一些参数锚定到一种自然属性中来实现,并且根据亚当·斯密的观点,就如我们所知道的那样,它导致了至关重要的社会结构化即劳动分工,而在这样一种历史叙述中,没有给礼物现象留下任何位置。更甚的是,我们可以看到礼物的视角在这方面可能具有的破坏性:它作为一种既互相矛盾又具建构性的经济关系被重新引入,一旦在所有的意义层面上展开来,就可能会推翻那些传统上被接受的概念。

因此,最先被推翻的,是关于原始形态的以物易物的印象。原始的以物易物只不过是一种历史的虚构,在事实中找不到任何证明——无论这些事实是来自民族志调查还是源自对古代法律的历史研究:

第三章　从局部到整体

无论是在我们的这个时代之前，还是在原始或者低等的名义下被混为一谈的种种社会之中，似乎从未存在过所谓的自然经济。可是，由于一种奇怪但却是经典的谬误，人们竟然会选择库克（Cook）所记载的波利尼西亚人的交换和以物易物的行为作为这种经济的典型。①

然而，也正是这群波利尼西亚人给莫斯展示了一种交换类型，其中的物品因被赠予、被接受和被回礼而被赋予了社会意义上的价值，为此，它们拒绝任何严格意义上的市场关系的定义。举例来说，既然我们认为通过物品而产生的纽带同时也表现为灵魂层面上的纽带，既然产权概念本身就其存在本身而言，无法摆脱一种精神上的占有（正是通过它，赠予者能够凌控受赠者），那么显而易见的是，纯粹物质性的、客观中立的关于以物易物的印象就不适用于这类交换系统。

可是，这项以回归自身为终点的社会学研究，不再仅仅是为了揭穿一种幻象，还应该去理解它，并解释它的出现。正是根据这一观点，对利益概念——其上确然附着了关于原始形式的以物易物的误导性虚构——的谱系学研究才获取了它的全部意义：

> 甚至"利益"也是一个相当晚近的词，它源于拉丁语中的会计术语 *interest*，当时人们把它写在账簿中，用以标示有

---

① 《社会学与人类学》，第 149—150 页。（译文引自《礼物》，汲喆译，商务印书馆 2016 年版，第 8—9 页。——译者）

待收取的利息或租金。在最具伊壁鸠鲁学说（épicurien）*倾向的古代道德中，它指的是人们所寻求的善与快乐，而不是物质的有用性。要到理性主义与重商主义（mercantilisme）胜利以后，获利的观念与个体的观念才被提升为至上的原则而大行其道。我们几乎都能给个体利益观念的获胜定下一个时间点了，即是在曼德维尔（Bernard Mandeville）的《蜜蜂的寓言》（*Fable des Abeilles*）之后。我们只能用迂回的办法才能勉强把个体利益这个词转译成拉丁语、希腊语或阿拉伯语。①

我们可以看到，这一语义上的识别从属于一个我们可以称之为资本主义及其构成表象之历史的框架之中，而这一研究计划与韦伯于同时期在《新教伦理与资本主义精神》②一书中所完成的研究颇为相似。然而莫斯的研究计划有其特殊之处：一方面由于它形成于某种政治背景之下，另一方面由于其研究对象实际上是经济自由主义的诞生——对其带来的社会解体的影响进行研究是为了清除这些影响——这与涂尔干学派的理论意图和实践意图都是一致的。在这样一种普遍的批判视角之下，莫斯的阐释则着重强调了利益这个完全特殊的概念的出现历程，在这个过程中，利益

---

* 伊壁鸠鲁学说是创建于公元前307年的一个古代哲学思想体系，创始人为古希腊哲学家伊壁鸠鲁（Epicure）。该学说发展了享乐主义，认为最大的善来自快乐，痛苦导致恶，因此享乐就是至善之事。学说的主要宗旨是要达到一种宁静（ataraxie）且自由的状态，并通过知识免除痛苦。——译者

① 《社会学与人类学》，第271页。（译文引自《礼物》，汲喆译，商务印书馆2016年版，第125页，略有改动。——译者）

② 着眼于利益这一概念，莫斯的分析其更接近于资本主义起源的另一种历史，而这与韦伯所认为的历史明显不同：这就是赫希曼（Hirschman）在《激情与利益》（*Les passions et les intérêts*，PUF, 1980）一书中论述的历史。

这个概念逐渐地摆脱除了利润和积累有用物资之外的所有面向。这一概念根本不是自然的——因为我们认识到利益不仅仅不是唯一的可能性,而且可能不是最根本的——它是缓慢且艰难地成形的,并产生了现代西方社会所特有的双重效果。一方面,它导致了经济实体的自主化,并且还导致了经济系统对整个人类活动的显而易见的霸权:人类活动的主要导向看上去就是为了理性地安排财富的生产和积累。另一方面,社会机体则同时经历了碎片化:在这个过程中,社会主体不是根据自己对群体的归属,而是通过个人利益来自我建构的,个人利益的满足就成为他们进行社会生活的全部意义所在。

无论我们考虑的是个体与群体的关系,还是围绕其各自活动领域的群体与其自身的关系,我们的社会都是碎片化和分工的社会。这些社会的特征都在于对其自身凝聚力的遗忘,不仅如此,这一凝聚力还是礼物现象所揭示的最纯粹形式的社会性的永恒源头;我们的社会越来越远离这一源头,而这是很危险的。就其具体实践的目的而言,社会学分析最后就从描述性的分析过渡到规范性的,要求我们要向古式社会学习:"因此我们能够而且应该回归古式的道德"①,而这在字面意义上掉转了传统规范的方向。我们理当回到礼物现象的根本性元素,其所具有的整合功能虽然一直有效,但是却因为我们的社会生活中越来越明显的经济主义转向而受到抑制。

因此,《礼物》的确取道由涂尔干自其第一本著作《社会分

---

① 《社会学与人类学》,第263页。

工论》起就开辟的道路——这部作品是纲领性的,因为它牢牢地将理论分析与政治计划连结在一起,并且给这群学者的集体事业(涂尔干在其间同时扮演了发起人和协调者的角色)赋予了很大的意义。关于劳动分工,经济自由主义的概念只关注其增加收益回报的功能,并只强调其对生产机制进行有效配置的一面;与此做法相反,社会学家们则强调这样一种分工所产生的团结,将其作为社会性之所以可能的条件。对涂尔干而言,劳动分工的真正功能在于"永不停歇地去超越纯粹经济性的利益领域",这是因为,劳动分工实际上处于一种"自成一类的社会和道德秩序"[①]之中,而这一独特秩序则构成了一种特别的关于团结的情感的基础。只是这一情感,因为一股越来越强的专业化和个体化取向而在现代西方社会中受到了严峻的考验;而它应该在有机团结的框架之内——该团结类型保证了各种不同功能之间的互补性——重新获得生命力。因而,社会学研究直接在莱昂·布儒瓦(Léon Bourgeois)所在的团结主义(solidariste)潮流之中——布儒瓦在法国的共和社会主义(socialisme républicain)[②]转向中扮演了一个核心的角色——找到了其在政治上的回响。然而,如果这一说法的实际贡献是清楚无疑的话,其所涉及的科学方法却有几处值得商榷。事实上,既然社会团结是一个情感问题,那么它并不能构成涂尔干意义上的、自身能够被社会学家研究的客观给定物;只有通过其在法律层面上的表述这样一种迂回的做法,才能够给它赋予一

[①] 涂尔干,《社会分工论》(*De la division du travail social*,1893),PUF,1960,第 24 页。

[②] 参考克劳德·尼科尔特(Claude Nicolet),《法国共和思想》(*L'idée républicaine en France*),Gallimard,1982,第 312 页及后页。

个可供客体化的现象一致性。但是，将法律变成团结的"可见的符号"[①]，难道不是用一种法律机制的畸大去取代经济机制的畸大吗？难道不是以同样的方式，任由我们恰恰想要把握的社会的统一和总体的维度中的意义溜走吗？

极有可能的是，这一问题只有在它不再与涂尔干的问题意识有关，而是与莫斯的问题意识有关时才有意义。如果我们考虑到莫斯自己的做法正是意在反对对礼物现象的一种过于法律的狭隘解读，那么该问题的关联性就显得更为明显了。深受涂尔干的启发，达维将夸富宴描述为法律演变中绝对革新性的要素，而契约形式在这一演变中逐渐独立成形：

> 我们注意到，只有渐渐地从对立的胞族之间严格的图腾监护以及总体呈献的法定原则中解放出来，夸富宴才能真正地实现它的契约功能。[②]

而莫斯的分析将夸富宴阐释为一个事实，而社会的所有维度，无论是法律的，还是经济的、宗教的、审美的，甚或是政治的，都不可分割地参与其中，因此他的分析更为强调扎根在共同的且恒常的土壤中，而不是一个渐进式的解放。相反的是，法律视角的狭隘——我们可以看到，达维由此提出了一种演变的假说——可以被诊断为欧洲社会学家的一种错觉：社会学家又一次进行了

[①] 涂尔干，《社会分工论》（1960），第28页。从一种不同于前述几章提到的观点来看，我们在此发现了涂尔干建构社会事实的局限性，而这正是莫斯努力克服的。

[②] 乔治·达维，《信誓论》，第215页。

区分，且丝毫没有意识到，对他自己所在的社会而言再普通不过的区分，用来定义他所研究的社会性模式却格外地不合适。如果可以给我们眼中的夸富宴赋予一个意义的话，那就是，随着重商主义和自由主义观念的胜利，我们的社会生活发生了一个大的转向，自那时候起，这样一种关于社会性的全面且总体的表达，对我们而言确实变得越来越陌生了。

在结论部分"道德的结论"一节中，《礼物》最终采用了一种明白无误的规范性形式，如果这一形式确实符合涂尔干的陈述的话，那么也是以迂回的方式实现的。这是因为，正是由于涂尔干及其追随者的片面性赞许，使得他们无法发现社会团结的真正意义所在；问题已经不再是将社会团结分为机械团结和有机团结了——这只不过是对"初民"和"文明人"二分法的同延性区分。而古式涉及的则是社会的本质：它是"建构我们社会的一方人性基石"[①]，正是在这一恒久的基石之中，无论何时何地，我们的社会都持续从中汲取其凝聚力的可能性，并且在遭受危机的时候，有必要不断地重新回归其上。鉴于此，总体性社会事实远远不只是一个原创性的方法论概念，它回应了一个更为根本性的需求：重新定位我们自己的社会性模式。换言之，通过聚焦于社会性——以其本质形态总体性地呈现出来的社会性——剔除危害社会性且可能导致其解体的渣滓。简而言之，如果总体性社会事实确实是一件工具的话，那么它既是社会层面的工具也同时是社会学意义上的工具：它的主要目的在于让我们理解社会性本身的意义，并

[①]《社会学与人类学》，第148页。

在政治的层面上重新赢回社会性。①

在这种情况下,古式这一观点还提供了一个更为激进的批判视角:它根本不满足于指出我们对社会性的理解之片面,而旨在彻底地颠覆它。一旦人们强调对于一种理性化的、功利主义和生产主义的经济而言,礼物现象以及从其发展而来的交换制度在本质上就是格格不入的,这一批判就会出现。《礼物》中有众多的段落重点突出了我们上述所研究的现象的不寻常之处,如此就使得它们得以问题化,以至于要从内部忧虑我们自己社会的运转,这就迫使它把自己一直有的但却尽力遮掩的矛盾冲突都揭露出来。因为,如果礼物现象不是市场交换的原始而遥远的形式,而是市场交换在其目前发展中所一直依凭的原则,那么就有必要对形塑了我们社会生活的物品流通进行一种激进的重新诠释。因此,特罗布里恩人或者毛利人的反经济主义,由于揭示了社会性的本质,因而切中肯綮、极富破坏性;它悄悄地潜入我们的经济中,即使我们的经济看上去尽可能地冷静、沉着和明智。

> 成为最占先者、最优秀者、最幸运者、最强者和最富有者,这就是人们所寻求、所力争的。事后,首领会把他刚刚得到的东西再分给他的属臣和亲戚,于是他的曼纳便得到了肯定;他会用手镯回报项链,热情地接待客人,借此种种……无论怎么看,财富在这一过程中都既是赢得声望的手段,也是实

---

① 至于莫斯指派给社会学的任务,丹尼斯·霍利尔(Denis Hollier)非常精确地指出,是一个在总体性社会事实的概念层面上得以实现的"认识论和政治的双重一位论(double unitarisme)"(Malaise dans la sociologie, in *L'arc, Marcel Mauss*, p. 57)。

用的事物。但是，难道我们能以为我们就可以置身其外吗？对我们来说，财富不也首先是支配他人的手段吗？①

由此可见，礼物交换的经济是一种关于声望的经济，它以多种方式挫败了纯粹功利主义的概念化。首先，需要着重指出的是，它主要将情感类的关系带入经济中，而这类关系是围绕着对认同和权力的欲望而展开，正因为如此，它们被打上了一种本质上非理性的印迹。其次，这种经济关注的是作为奢侈品而不是基本需求的符号物品。最后，从本质上来说，它基于消耗现象而非积累和存储的现象；因为大肆挥霍的特征不单单是非生产性的，而更具反生产性。这最后几点值得再强调一下：乍看上去，奢侈与消耗无论如何都处于边缘位置——即使看第二眼也是如此，因为这也是古典经济理性主义的观点②——实际上，它们在社会生活的基础及其根本结构中占据了一个核心的位置。因此，对普遍意义上的交换进行一种全新的且自相矛盾的解读就是可能的，而这全部来自对这种令人称奇的"亏即是赚"进行的更为严谨、更为细致的阐释，而这一点固然是古式社会所特有的，但离我们的社会也并不遥远。因为，就像我们之前所做的那样，以经济功利主义的观点去界定利益——在一个相对晚近的时代中，我们曾经对这种观

---

① 《社会学与人类学》，第270页。（译文引自《礼物》，汲喆译，商务印书馆2016年版，第124—125页。——译者）

② 关于这一点，曼德维尔（Mandeville）应据有特殊一席。莫斯认为他是关于利益的现代意义的表述第一人，而这现代意义正是后世古典政治经济学拥护者们所坚决捍卫的。然而，曼德维尔在《蜜蜂的寓言》中却给奢侈现象赋予了一种绝对必要的功能。

点再熟悉不过了——这并不能穷尽所有可能的意义，甚至极有可能无法触及人们实际上是如何有功利的考虑的最初意义：

> 在这些文明中，人们有功利的考虑，但其方式却与我们的时代不同。他们有积蓄，但却是为了花费，是出于"不得已"，是为了能有"忠顺的人"。他们有交换，但交换的主要是奢侈品、装饰品、服饰，或者是宴席等可以立即消费的东西。他们也有高利息的回报，但却是为了羞辱先前的给予者或交换者，而不只是为了补偿对方因"延期消费"所承受的损失。这里面有利益，但要注意，这种利益只是跟指引我们行为的那种利益相似而已。①

在这种礼物交换的经济中，让我们如此吃惊的是，与它的慷慨挥霍和表面上的满不在乎相对应的，是一种为我们所熟悉的实在且强烈的利益。如果我们还想在我们给利益赋予的意义上去讨论它的话，那么就有必要在这儿提及一种利益和无私的综合；这一综合虽然自相矛盾，但却非常有效。因此，这一"混合"形式——马林诺夫斯基曾经为其作出了最好的描述②——可能就是推动人们在彼此之间建立复杂关系的主观动机的基础，正是通过

---

① 《社会学与人类学》，第270—271页。（译文引自《礼物》，汲喆译，商务印书馆2016年版，第125页。——译者）

② 莫斯在《礼物》的结论部分第二小节"经济社会学与政治社会学的结论"中专门谈及这一点，作为对马林诺夫斯基的致敬。参看《社会学与人类学》，第266—268页。（参见《礼物》，汲喆译，商务印书馆2016年版，第120—122页。——译者）

这些关系人们的社会存在才得以实现。因此,"指引我们行为"的这种利益是否真的像它表现出来的那样,跟我们在其他地方和其他时代里,以纯粹而袒露的形式所看到的非理性和铺张浪费这一本色如此不同呢?社会学家-考古学家绝不能再一次被遗忘所迷惑——遗忘的本质是一种遮蔽机制,他有必要继续进行自我分析——比较研究最先让我们注意到自我分析的重要性。

最后一个疑问只在《礼物》一书的结论部分被提及,问题如下:我们想要知道的,不单单是我们的礼物现象是什么以及其意义所在,更为重要的是这种古式综合——利益与无私、慷慨与节省、奢侈与功利,这些对我们而言是相互对立的词汇,却在我们所研究的多种赠礼形式中紧密地杂糅在一起——在我们的法律和道德中是如何进行的。既然我们以这个自相矛盾的基底为基础去研究市场经济——其中的关键之处就是,支配了人们借由流通或者消费物品而在彼此之间形成关系的是消耗——那么我们对市场经济又该持何种观点呢?很肯定的是,在这些问题的形成中,哈布瓦赫对阶级概念及其社会学意义的研究——这一意义在涂尔干那里被认为是无关紧要的,然而德国研究者却认为非常值得一做,比如布歇尔(Bücher)、施穆勒(Schmoller)和桑巴特(Sombart)的研究工作[①]——对莫斯产生了很大的影响。从1905年开始,哈

---

① K. 布歇尔是率先认为耗费和礼物在经济关系的确立中发挥着首要作用的社会学家之一,而他的这一思想在法国受到了热烈的反响。可参看《历史及政治经济学研究》(*Etudes d'histoire et d'économie politique*, 1902)。至于我们所提及的哈布瓦赫的文本,题为《关于阶级问题的社会学地位的评论》(Remarques sur la position sociologique du problème des classes),发表于《形而上学与道德评论》(*Revue de Métaphysique et de Morale*, 1905),后收入《社会阶层和形态》(*Classes sociales et morphologie*, Editions de Minuit, 1972,第41—57页)。

布瓦赫就指出用于进行阶级区分的表象首先在于娱乐时间的多少以及与其有关的消费模式,而不是严格意义上的经济行为、生产性工作或者财富积累。正是在弹性的背景下——随着社会阶层的上升,工作与其回报之间关系的弹性就越大,挥霍行为这一显而易见的反经济概念——因为是反生产性的——才变得更加重要,并在其中发挥了核心的符号性作用。因此,莫斯提出的问题完美地回应了这一分析,并且,通过这些问题,他于当下再现了古代:

> 我们有多少需要得到了满足呢?又有多少不以功利为最终目的的意向没有得到满足呢?富人们能在他们的收入中拨出多少用于个人功利的消费呢?他们因为奢华、艺术、冲动和仆从所做的挥霍,不是与从前贵族的风尚、与我们描述的野蛮人首领们的风尚都很相似吗?①

然而,如果我们依据严格的考古学方法原则来解释这一"相似",那么我们就会看到,它并不是一个残存的剩余物,相反它持续存在,尽管其效果与其成因之间的因果关系复杂得如同密码一般,其实际效果还是可辨识的。在这些情况下,就形成了对经济的一种理解模式,其中,对于传统概念的批判就采取了倒置(inversion)这一激进的形式。我们在此有必要强调一下在礼物现象原则性背后的含义,莫斯将其描述为一种**总体性社会事实**才能够清楚解释。以礼物现象为视角,这就是以非生产性的支出为生

---

① 《社会学与人类学》,第 272 页。(译文引自《礼物》,汲喆译,商务印书馆 2016 年版,第 126 页。——译者)

产之本，以非必要性为效用之本，以大肆挥霍为市场经济中显而易见的理性计算之本。这最后一点连同附之其上的一系列概念，其实是关于一个基本过程的一种删减的且残缺的表征，而这一过程其实是依靠一种纯粹以损耗为目的的支出来运转的——这是一种对财物的持续损毁，这些财物并没有因为其稀缺性而变得有价值，恰恰相反，它们处于一种偏好物资丰饶和规模夸张的运动之中。① 正是在这样一种铺张浪费——特罗布里恩人的库拉就是一个最显著的例子——的基础之上，出现了我们现在的经济智慧，具有均衡和有节制的留存的优点。在古式生活中，礼物现象的逻辑被推到了极限，为了重新焕发社会性的全部力量，人们甚至损毁财物，而我们的交换模式与其说是这种古式生活的对立面，毋宁说只是一种镜像，而且还是倒置过的和删减过的。这整个交换模式都依赖于不懈努力地去遏制挥霍和无节制这一内在动力，而这一动力其实是它的基础，不仅如此，还给它赋予了真正的社会意义。对《礼物》进行一种过度的阐释——因为就目前而言，莫斯所做的只是引起读者的兴趣，仅仅满足于指明一条连他自己都尚未踏足的道路——就有可能在政治经济学领域里进行一场真正意义上的"哥白尼式革命"。

这场革命，巴塔耶自20世纪30年代起就在一篇名为《耗费的概念》的文章中初构其形，之后它在《被诅咒的部分》一书中

---

① 关于这一点，我们可以参考皮埃尔·克拉斯特（Pierre Clastres）给萨林斯的《石器时代经济学》一书所作的序言。这篇序言将稀缺性概念作为马克思主义和经济自由主义的共同假设，并且提出，彻底用另外一种观点来超越这前两种观点是完全可能的。

第三章 从局部到整体

就彻底地得以实现：

> 从有限经济（économie restreinte）的观点过渡到普遍经济（économie générale）的观点，这实际上完成了一个哥白尼式的转变：这颠倒了思想和道德。从一开始，如果有一部分财富，大体上是可被估值的财富，注定用于损耗，毫无获利的可能，用途亦是非生产性的，就会发生售出商品但却没有回偿物的情况，这甚至是不可避免的。①

无论是有限经济即资本主义的积累所具有的非回偿性（non-recouvrement），还是作为有限经济从中脱胎而出的丰饶基础的普遍经济所具有的非回偿性，都指向社会性的一个独特部分。这一部分既定的财物可以被称为"被诅咒的"，因为它所代表的过剩被我们当作需要不断去压抑的目标。尽管如此，在这个"被诅咒的部分"中却暗含了社会关系的本质，以及它们的非理性和猛烈。在这种无法承受的烈度中，甚至社会性存在本身都被这种破坏性和献祭性的支出所危及；然而，它也从未停止过从中获得力量，从这个自由基础中汲取其存在的恒久条件。因此，赠礼，特别是馈

---

① 巴塔耶（G. Bataille），《被诅咒的部分》（*La part maudite*），Editions de Minuit，1976，第 64 页。关于这场哥白尼式革命的另外一种表述、一种直白不讳的康德式的表述，则是阿兰·迦耶（Alain Caillé）的《对功利理由的批判》（*Critique de la raison utilitaire*）一书。这本书算是《莫斯学报》（*Bulletin du MAUSS*，全称为 *Mouvement anti-utilitariste dans les sciences sociales*，即社会科学反功利主义运动。[这个运动的名称玩了一个文字游戏，取各个单词的首字母合在一起作为运动的简称，正好组成 MAUSS 这个名字。——译者]）成立的宣言，该杂志的核心目标在于阐发由巴塔耶首先提出其原则的普遍经济所提供的批判性视角。

赠不会带来回礼这一极端可能性——这一可能性表现为献祭（sacrifice），而莫斯业已指出献祭是可以融合到总体呈献的系统中的[①]；对此，巴塔耶则给其赋予了一个范式上的意义——最终能够发展出一种关于普遍经济的前所未有的观点，并且给社会的彼此矛盾的基础投以一种全新的但也令人担忧的思考方式。将社会现象重新带回到给它赋予意义的、以纯粹的损耗为目的的支出这个基石上来，实际上就是将人类社群重新放置到一个奠基性的裂缝之上；人类的存在倾向于打开这个裂缝的同时又意图将其重新合上，这就是那种参与一个尽力假装没有看到其中危险的危险游戏。遗忘掉馈赠，交换就只是交换；继而在一种特定的市场关系的框架下进行交易；然而并不能因此就忽视了这种市场交换类型仍然是原初的礼物现象的一种表达方式，只是以它自己的方式进行表达，并遏止了这种礼物现象，这是因为，就其构成方式而言，社会生活无法承受礼物的原初形态。因此，即使社会性的凝聚力采取不确定的迂回路线，并且分布在各种残缺的表现形式之中，它仍然在市场交换类型中继续流通并发挥作用。这就是我们最终能够和莫斯一起并超越他，从《礼物》中学到的一份就既有的对集体存在的理解而言颇具颠覆性的教导。

[①]《社会学与人类学》，第 166—169 页。（参见《礼物》，汲喆译，商务印书馆 2016 年版，第 24—27 页。——译者）

"经验与观念丛书"书目

涂尔干学派书系
《论涂尔干的宗教情感起源说》〔法〕莫里斯·哈布瓦赫 著（已出）
《莫斯与总体性社会事实》〔法〕布鲁诺·卡尔桑提 著（已出）
《信誓论》〔法〕乔治·达维 著

芝加哥学派书系
《城市》〔美〕罗伯特·E. 帕克 等著（已出）
《职业系统》〔美〕安德鲁·阿伯特 著（已出）

城市民族志书系
《出租舞厅：商业娱乐与城市生活的社会学研究》〔美〕保罗·柯莱希 著

美国社会研究书系
《美国的职业结构》〔美〕彼得·M. 布劳〔美〕奥蒂斯·杜德里·邓肯 著（已出）
《转变中的中镇》〔美〕罗伯特·S. 林德〔美〕海伦·梅里尔·林德 著

古典人类学书系
《王权》〔英〕A. M. 霍卡 著（已出）
《早期王权历史的讲座》〔英〕J. G. 弗雷泽 著

图书在版编目(CIP)数据

莫斯与总体性社会事实/(法)布鲁诺·卡尔桑提著；杜娟译.—北京：商务印书馆，2023(2024.11重印)
(经验与观念丛书)
ISBN 978-7-100-23032-2

Ⅰ.①莫… Ⅱ.①布…②杜… Ⅲ.①莫斯(Mauss, Marcel 1872-1950)—社会学—研究 Ⅳ.①C91

中国国家版本馆 CIP 数据核字(2023)第 177924 号

权利保留，侵权必究。

经验与观念丛书
莫斯与总体性社会事实
〔法〕布鲁诺·卡尔桑提 著
杜 娟 译
龚 勋 校

商 务 印 书 馆 出 版
(北京王府井大街36号 邮政编码100710)
商 务 印 书 馆 发 行
北京市艺辉印刷有限公司印刷
ISBN 978-7-100-23032-2

2023年12月第1版 开本 880×1230 1/32
2024年11月北京第2次印刷 印张 4¾
定价：35.00元